Einatmen, Ausatmen, Glücklich sein!

Das Achtsamkeitspraxisbuch gegen Stress, Ängste und negative Gedanken für ein sorgloses, entspanntes und ausgeglichenes Leben

Verena Kühn

Inhaltsverzeichnis

Einleitung

Gelassenheit ist in unserer Gesellschaft zu einem raren Gut geworden. Wir sind hektisch und immer auf dem Sprung, und es ist normal geworden, sowohl im Beruf als auch in der Freizeit völlig eingespannt zu sein. Stress ist somit unser ständiger Begleiter, der uns unruhig und krank macht. Ausgeglichen zu bleiben oder achtsam zu leben, fällt schwer, wenn es als normal angesehen wird, dass wir ständig unter Strom stehen.

Wir sind darauf konditioniert, stets zu funktionieren und nie vor zu viel Arbeit oder dem Druck der ständigen Erreichbarkeit zurückzuschrecken. Auszeiten, Ruhe oder Zeit für eigene Bedürfnisse sind nur bedingt vorgesehen. Hinzu kommt die Schnelllebigkeit durch viele technische Neuerungen und ständige Veränderungen, die ebenfalls die innere Ruhe stören können. Zu guter Letzt sind die ständige Erreichbarkeit durch Messenger-Dienste wie WhatsApp und andere Social-Media-Kanäle weitere Stressfaktoren. Kein Wunder, dass sich „Digital Detox" mit bewussten Auszeiten von sozialen Medien und dem Internet immer mehr durchsetzen kann. Es fällt uns also zunehmend auf, dass es so nicht weitergehen kann.

Doch wie lassen sich in unserer Gesellschaft bei den gängigen Erwartungen und den zahlreichen Stressfaktoren um uns herum noch Gelassenheit und Achtsamkeit leben? Wie gelingt es uns mit wenig Zeitaufwand, innerlich ruhiger und entspannter zu werden? Antworten auf diese Fragen sowie Strategien gegen bestehenden Stress finden Sie in diesem Buch. Unsere innere Haltung ist dabei entscheidend, außerdem lassen sich Gelassenheit und Achtsamkeit sehr gut trainieren, wenn ein wenig Mut zur Veränderung vorhanden ist. Einige Minuten täglich reichen schon aus, um hier eine echte Wandlung zu spüren. Fest steht, dass jeder von uns lernen kann, besser mit Stress umzugehen und achtsamer und gelassener durchs Leben zu gehen. Wird hingegen immer weiter so gelebt, wie es in unserer Gesellschaft üblich ist, drohen uns früher oder später ein Burn-out, Depressionen oder schlicht die Unzufriedenheit mit dem eigenen Leben. Achtsamkeit und Gelassenheit hingegen lassen sich in jedem Alter und in jeder Phase des Lebens üben, sodass Sie schrittweise gelassener durch den Tag kommen.

In diesem Buch erwarten Sie Strategien zur Aufdeckung Ihrer persönlichen Stressfaktoren ebenso wie gezielte Möglichkeiten des Trainings für mehr Gelassenheit im Alltag. Stress kann durch ganz unterschiedliche Auslöser entstehen, er macht uns krank und baut sich immer mehr auf. Es geht nicht darum, Stress völlig zu vermeiden, sondern zu verstehen, an welcher Stelle in Ihrem Leben schädlicher Stress entsteht. Ganz gleich, ob es um mehr Entspannung im Alltag, im Beruf oder in der Beziehung geht, mit den passenden Strategien fällt es Ihnen leicht, nach und nach gelassener zu werden. Mit 17 sofort umsetzbaren Übungen sowie dem 28-Tage-Plan stellen

Sie schon nach wenigen Tagen Veränderungen fest, die sich in mehr Entspannung und einer guten Portion Gelassenheit äußern. Mehr als zehn Minuten täglich sind nicht erforderlich, um positive Veränderungen in Bezug auf mehr Achtsamkeit und Gelassenheit zu erzielen. Nicht zuletzt spielt die psychische Widerstandskraft eine große Rolle, wenn es um Gelassenheit und um einen achtsamen Lebensstil geht. Daher lernen Sie auf den folgenden Seiten zudem wichtige Säulen kennen, mit denen Sie eine starke psychische Widerstandskraft aufbauen. Je gelassener Ihre Grundhaltung ist und je weniger Dinge Sie aus der Ruhe bringen, desto leichter fällt es Ihnen, in jeder Situation entspannt zu bleiben – eine Fähigkeit, die sich von jedem lernen lässt und die ganz sicher nicht angeboren ist.

Hinweis: Aus Gründen der Lesbarkeit wurde in diesem Buch die männliche Form gewählt. Jedoch sind stets ausdrücklich alle Geschlechter gemeint.

An dieser Stelle wünsche ich Ihnen zunächst viel Spaß beim Lesen sowie viel Erfolg bei der Umsetzung der Tipps und Strategien aus diesem Buch – mit ein wenig Geduld können Sie Ihr Leben Schritt für Schritt hin in Richtung Gelassenheit, Achtsamkeit und mehr Wohlbefinden umstellen.

Ursachen für das Unwohlsein: Stress erkennen und verstehen

Bevor wir zu den praktischen Übungen, Tipps und Tricks kommen, mit denen Sie eine positive Veränderung in Ihrem Leben erzielen können, sollten wir uns erst einmal Ihren aktuellen Zustand ansehen. Sobald Sie erkennen, warum Sie sich unwohl fühlen, also welche Ursachen dies hat und wie diese Situation zustande kommt, können Sie gezielt daran arbeiten. In diesem Zusammenhang ist vor allem der Faktor „Stress" zu nennen, der für Ihr Unwohlsein verantwortlich sein kann. Stress ist für viele Menschen heutzutage ein fester Teil ihres Lebens, was auf Dauer krank macht und zum allgemeinen Unwohlsein erheblich beiträgt. Passend dazu finden Sie auf den nächsten Seiten einen Überblick über die Bedeutung von Stress, über seine Entstehung, verschiedene Stressarten und die Ursachen von Stress. Natürlich ist ein Leben ganz frei von Stress in unserer Gesellschaft nur schwer zu führen, es gibt aber immer genug Möglichkeiten der Verbesserung, um mit der Zeit mehr und mehr entspannen zu können. Sie können sich außerdem in der einen oder anderen Situation ganz gezielt sagen, dass Sie sich nicht darum bemühen wollen oder können. Nur dann lässt sich eine Veränderung erzielen, die wiederum dazu führt, dass Sie sich insgesamt wohler, entspannter und zufriedener fühlen. Häufig stellt man erst fest, wie hoch das eigene Stresslevel war, wenn sich dieses verringert. Erfahren Sie, welche Ursachen Ihr Unwohlsein hat und welcher Art Stress Sie genau ausgesetzt sind.

Stress: So baut er sich langsam auf

Stress entsteht nicht von heute auf morgen. Sie werden nicht heute Morgen aufgewacht sein und plötzlich Stress verspürt haben. Da sich Stress immer weiter aufbaut und nur abgebaut oder gelindert wird, wenn Sie passende Maßnahmen ergreifen, ist es entscheidend zu verstehen, was Stress ist und wie er entsteht. Je besser Sie Stress an sich als Gefühl und als Zustand verstehen und je mehr Sie darüber wissen, desto leichter fällt Ihnen der Umgang damit. Mit diesem grundsätzlichen Verständnis können Sie geeignete Maßnahmen ergreifen, Stress in Ihrem Leben reduzieren und gezielt zu Ihrer persönlichen Entspannung beitragen.

Es handelt sich bei Stress um eine Reaktion unseres Körpers, die uns in früheren Zeiten das Überleben ermöglicht hat. Tritt eine gefährliche Situation ein, müssen wir in der Lage sein, unsere gesamte Energie regelrecht zu bündeln, um sofort zu reagieren. Diese Reaktion war stets entweder der Kampf oder die Flucht, wenn man von einer Gefahr bedroht wurde. Würden wir Menschen dann erst noch in Ruhe meditieren und Kraft schöpfen wollen, wären wir heute wohl nicht mehr hier. Bei einem Angriff durch wilde Tiere oder einer Bedrohung durch Naturgewalten ist ein solcher Reflex mehr als nützlich, vielmehr ist er überlebenswichtig. Stress hat uns daher dabei geholfen, dass wir heute überhaupt noch hier sind und wir uns in der Evolution durchsetzen konnten. Wie so viele andere körperliche Reaktionen lässt sich diese nicht ausschließen oder verhindern, was auch gar nicht sinnvoll wäre. Schließlich gibt es heute immer noch Situationen, in denen eine schnelle Reaktion überlebenswichtig ist.

Stress als Reaktion hilft uns dabei, dass wir zu Höchstleistungen fähig sind – ganz egal, ob beim Kampf oder bei der Flucht. Der Körper schüttet bei Stress die Hormone Adrenalin und Cortisol aus. Diese treiben uns zu besagten Höchstleistungen an und werden durch Bewegung wieder abgebaut. Neben der Ausschüttung der genannten Hormone erhöht sich bei der Stressreaktion unsere Herz- und Atemfrequenz, die Muskeln spannen sich an, das Blut gerinnt dabei und die Verdauung wird stark verlangsamt. Durch diese Reaktion ist es überhaupt erst möglich, dass unser Körper Höchstleistungen erbringen und wir wahlweise „kämpfen“ oder „fliehen“ können. Die anschließende körperliche Bewegung beim Kampf oder der Flucht sorgt wiederum für den Abbau der ausgeschütteten Stresshormone.

Das Wort „Stress“ lässt sich von dem lateinischen Begriff „stringere“ ableiten, was sich mit „anspannen“ übersetzen lässt. Damit wird ausgedrückt, dass es verschiedene Auslöser von außen gibt, die dann eine psychische und physische Reaktion in unserem Körper hervorrufen. Diese Auslöser für Stress werden als „Stressoren“ bezeichnet. Zu unterscheiden ist dabei in endogene und exogene Stressoren. Endogene Stressoren sind alle Auslöser, die Sie selbst erzeugen, wie beispielsweise Ängste, ständiges Grübeln oder Phobien. Exogene Stressoren kommen hingegen von außen und sind zum Beispiel bestimmte Umstände wie vielleicht das Klima, eine Naturkatastrophe oder auch ständiger Stau, der Ihnen den Weg zur Arbeit deutlich erschwert. Insbesondere endogene Stressoren können wir beeinflussen und lernen, mit diesen umzugehen.

Die körperlichen Auswirkungen sind unter anderem die Ausschüttung eines regelrechten Hormoncocktails, zu denen die genannten Hormone Cortisol und Adrenalin zählen. Menschen, die eine Stressreaktion aufweisen, verhalten sich anders als solche, die nicht unter Stress stehen. Grundsätzlich ist Stress als große Belastung für den Körper genau wie für die Psyche zu verstehen. Es handelt sich um eine nicht vermeidbare Reaktion, die jedoch möglichst nur im Ernstfall eintreten sollte. Ein Vermeiden von Reaktionen auf bestimmte klassische Stressoren wie auf Schwierigkeiten auf der Arbeit oder in einer Beziehung ist hierbei sehr hilfreich. Das unterscheidet gelassene Menschen von gestressten Menschen: Gelassene Menschen reagieren nicht auf alle möglichen Stressoren und bleiben im Ernstfall deutlich ruhiger. Eine Herausforderung auf der Arbeit muss beispielsweise nicht automatisch Stress bedeuten – außer, wenn Sie entsprechend reagieren. Sicherlich haben Sie schon gehört oder bemerkt, dass einige Menschen ein „dickes Fell" haben, wenn es um stressige Situationen geht. Dabei spielen der persönliche Umgang mit Stressoren sowie die innere Einstellung eine große Rolle.

Doch wie lässt sich erklären, dass sich Stress langsam aufbaut, wenn es doch eine plötzliche Reaktion des Körpers sein soll? Die Erklärung ist einfach: In der heutigen

Zeit bauen wir die aufgestauten Stresshormone nicht mehr ab. Früher wurden beim Kampf oder bei der Flucht die ausgeschütteten Hormone wieder abgebaut. So hatte der Körper die Möglichkeit, in seinen normalen Zustand zurückzufinden, und stand nicht dauerhaft unter Strom, wie es heute oft der Fall ist. Es gibt außerdem heutzutage zahlreiche Stressoren, viel mehr als in jeder anderen Zeit. Grund dafür ist unsere hektische, schnelllebige und immer leistungsbereite Gesellschaft, die uns unter Druck setzt. Wir kommen nicht mehr zur Ruhe und nach Anspannung folgt nicht automatisch Entspannung – mit der drastischen Folge, dass sich unser Stress immer weiter aufbaut und wir uns irgendwann völlig unruhig und wie unter Strom stehend fühlen. Der Stress wird chronisch und an sich kleine Auslöser von Stress führen dann zu einer starken Reaktion, die ansonsten gar nicht oder zumindest viel weniger stark ausgefallen wäre.

Hatten Sie schon einmal nach negativen Situationen, oder wenn Sie viel Stress hatten, im privaten oder beruflichen Bereich das Gefühl überzukochen? Als müssten Sie losrennen oder auf etwas einprügeln, um wieder zur Ruhe zu kommen? Hierbei handelt es sich ganz klar um Stress, der sich so weit aufgebaut hat, dass Sie an einem Punkt stehen, an dem Sie handeln müssen. Andernfalls kommt es irgendwann dazu, dass Sie krank werden und nichts mehr geht. Dauerhafter Stress macht uns unruhig, ist ungesund und nicht natürlich, da die zuvor beschriebene Stressreaktion eigentlich kurzfristig angedacht war.

Es handelt sich bei Stress somit, kurz gesagt, um eine umfassende Reaktion des Körpers, die vor allem in früheren Zeiten überlebenswichtig war. Kommt diese enorme Anspannung zu häufig vor oder folgt nach einer entsprechenden Situation keine Entlastung mehr, baut sich der Stress immer mehr auf. Daher entsteht Stress nie von heute auf morgen. Sie haben nur eventuell nicht bemerkt, dass er sich in Ihnen immer weiter aufbaut, bis es dann zu einer stärkeren Reaktion kommt, die so wirkt, als wäre der Stress von jetzt auf gleich einfach da. Verschiedene Umstände im Leben wie im Alltag, im Beruf und in der Beziehung können dazu führen, dass sich das Unwohlsein langsam anstaut. Es ist unerlässlich, an dieser Stelle anzusetzen und zu verstehen, welcher Art von Stress Sie sich ausgesetzt fühlen, sowie einen Blick auf die Ursachen zu werfen, die hier möglicherweise vorhanden sind.

Positiven und negativen Stress erkennen: Stress ist nicht gleich Stress!

Nicht jeder Stress ist gleich, denn es gibt deutliche Unterschiede zwischen positivem und negativem Stress. Für Sie spielt es somit in der Tat eine Rolle, welchem Stress Sie ausgesetzt sind, damit Sie dessen mögliche Folgen noch besser einschätzen können. Wir unterscheiden im Wesentlichen zwischen Eustress (positivem Stress) und Distress (negativem Stress). Nicht jede Art von Stress, die den Körper zu höchsten Leistungen antreibt, muss schlecht oder schädlich sein. Die Geburt eines Kindes beispielsweise verursacht Stress, der durchaus positiv ist.

Betrachten wir also etwas genauer den positiven und den negativen Stress sowie die Unterschiede, die für Sie bei der Wahrnehmung von Stress und im Alltag eine Rolle spielen. Erst einmal ist dabei aber festzuhalten, dass für Sie Stress negativ sein kann, der von anderen Menschen als positiv bewertet wird. Die individuelle Wahrnehmung spielt daher eine entscheidende Rolle, wenn es um die Einordnung von Stress im Allgemeinen geht. Der wohl größte Unterschied ist dabei, dass Sie sich negativem Stress irgendwann nicht mehr gewachsen fühlen. Es handelt sich um einen Druck, der Sie stark belastet, anstatt Sie zu beflügeln. Denken Sie nur einmal an eine schwierige Situation auf der Arbeit. Es liegt ganz bei Ihnen, wie Sie diese Situation wahrnehmen. Fühlen Sie sich angespornt und suchen Sie motiviert nach Lösungen oder fühlen Sie sich eher unter Druck gesetzt und überfordert? Diese Unterscheidung ist von großer Bedeutung, sodass Sie für sich erkennen müssen, welche Art von Stress sich gerade in Ihrem Leben erkenntlich macht. Das ist der erste Schritt, um damit umzugehen und um zu lernen, sinnvolle Lösungen zu finden.

Aufregende, spannende Erlebnisse hingegen sind manchmal mit Stress verbunden, die positiv bewertet werden. Herausforderungen aller Art, das Verliebtsein, Dates, die Planung einer Reise – es gibt viele Optionen für positiven Stress. Nach gewissen Phasen der Aufregung und Anspannung folgen in diesem Fall entspannende Phasen. Diese Abwechslung ist genau wie die optimistische persönliche Bewertung charakteristisch für positiven Stress. Nicht jede Art von Stress ist folglich automatisch negativ. Fehlen die zwischenzeitlichen Phasen der Entspannung jedoch, wird schnell negativer Stress daraus und die vorher als positiv empfundenen Gefühle schwinden. Dann herrscht ein Druck vor, eine gewisse Belastung, die vorher nicht vorhanden war. Vielleicht haben Sie es bei sich selbst schon einmal erlebt: Eine ursprünglich als positiv betrachtete Herausforderung wird zu einem quälenden Problem. Ein positives Gefühl ist nicht mehr vorhanden, da einfach keine Entspannung mehr folgt und ein zunehmender psychischer Druck entsteht.

Distress, also negativer Stress, zeichnet sich dadurch aus, dass es keine Entspannungsphasen mehr gibt. Sie kommen nicht mehr zur Ruhe, die Belastung wird schnell zu viel, vielleicht fühlen Sie sich regelrecht überfordert. Übrigens definiert jeder Mensch den Moment anders, indem einem einfach alles zu viel wird. Entscheidend ist für Sie, dass Sie die Auslöser erkennen, die zum Distress führen, und daran arbeiten, wenn Sie ständig unter Strom stehen. „Stress" wird gerne direkt als negativ und unerwünscht dargestellt. Dabei ist Stress in der positiven Form nützlich für uns und hilft uns oft sogar bei der Bewältigung von so manchen Herausforderungen. Sie müssen nur für sich feststellen, ob Sie von positivem oder von negativem Stress betroffen sind. Dafür können Sie einen Blick auf die Stressoren werfen, die nachfolgend beschrieben werden, und in sich hineinhören, um den von Ihnen empfundenen Stress leichter zu bewerten.

Klassische Ursachen für Stress: So finden Sie Ihre persönlichen Stressoren

Jeder Mensch ist anders, daher wirkt sich Stress auch unterschiedlich auf uns aus. Somit gibt es für jeden von uns verschiedene Stressoren, also Ursachen für Stress. Um mit diesem besser umzugehen, geht es nun darum, erst einmal Ihre persönlichen Stressoren festzustellen. Grundsätzlich wird zwischen sozialen, körperlichen und existenziellen Stressoren unterschieden. Wenn die eigene Existenz bedroht wird oder es Probleme in sozialer oder körperlicher Hinsicht gibt, findet die vorher beschriebene Stressreaktion statt. Beispielsweise kann uns die Umwelt in Form von Hitze, Kälte, Lärm und Schmutz erheblich belasten und in Stress versetzen. Wer sich gestresst fühlt, sollte am besten erst einmal die einzelnen Stressoren identifizieren, die zum Problem geworden sind.

Nachfolgend finden Sie einige besonders typische Ursachen für Stress und erhalten einen Blick auf dessen Folgen für Körper und Psyche. Vielleicht erkennen Sie sich ja in einem der Punkte wieder und finden Ihre Stressoren selbst heraus. Bedenken Sie dabei, dass Stress, wenn er einmal chronisch ist und nicht mehr abgebaut wird, zu einer gesundheitlichen Gefahr werden kann. Da die Resistenz gegenüber Stress mit der Zeit abnimmt und dieser einfach irgendwann zu viel wird, ist es umso mehr von Bedeutung, die eigenen Stressoren zu identifizieren. Dann ist es möglich, entsprechende Maßnahmen zu ergreifen, die zu einer Verbesserung führen.

Zehn klassische Stressoren:

#1 Alkohol- und Drogenkonsum

Der Genuss von Alkohol sowie von Drogen aller Art versetzt den Körper jedes Mal in einen Zustand von Stress. Besonders gefährlich ist dabei, dass viele Menschen gerade dann zu Alkohol und Drogen greifen, wenn der Stress als sehr stark empfunden wird. Anders gesagt entspannt uns vor allem Alkohol im ersten Moment in stressigen Situationen, wobei dieser Effekt sehr schnell in das Gegenteil umschlägt. Alkohol ist zwar in der Lage, unsere Emotionen zu reduzieren, und sorgt zudem dafür, dass weniger Cortisol ausgeschüttet wird. Jedoch fühlen sich die meisten Menschen nach dem Konsum, spätestens am nächsten Tag, noch schlechter als zuvor. Der Kater am folgenden Tag bedeutet dann noch mehr Stress für den Körper, dämpft die Stimmung und kann zusätzlich depressive Verstimmungen auslösen – vom Suchtpotenzial einmal ganz zu schweigen, welches genauso bei Drogen aller Art zu beachten ist. Aufgrund dieser negativen Folgen des Alkohol- und Drogenkonsums, mit dem Stress und negative Emotionen zu überwinden versucht werden, befindet sich ebendieser Konsum auf unserer Liste der klassischen Stressoren.

#2 Perfektionismus

Viele Menschen leiden unter Perfektionismus und wissen sogar, dass es sie anstrengt und innerlich unter Druck setzt, wenn immer alles perfekt sein muss. Das kostet viel Zeit und Nerven und macht uns außerdem unzufrieden. Perfektionisten sind schnell von anderen Menschen sowie von den eigenen nicht „perfekten" Ergebnissen genervt, was wiederum für noch mehr Stress sorgt. Es handelt sich dabei eindeutig um negativen Stress mit seinen entsprechenden Auswirkungen auf den Körper und die Psyche. Es fällt uns in jedem Fall schwerer, positive Erfahrungen zu machen, wenn immer alles bis ins letzte Detail stimmen muss. Hier hilft es nur zu versuchen, entspannter zu werden und sich bewusst zu machen, dass Perfektionismus nicht immer das Ziel ist. Die Folgen von Perfektionismus sind unterschiedlich, oft kommen eine negative Grundstimmung und viel Frust auf. Menschen, die in ihrem Leben besonders perfektionistisch an alles herangehen, sind somit schneller gestresst und gereizt, wenn sich die Dinge nicht so entwickeln, wie sie es gerne hätten.

#3 Toxische Beziehungen

Beziehungen zu Menschen, die auf emotionaler Abhängigkeit basieren oder die regelrecht vergiftet sind, belasten uns sehr stark. Dabei ist es nicht weiter entscheidend, ob es sich um eine toxische Beziehung in der Partnerschaft oder um Freundschaften handelt. Wenn Sie sich beim Zusammensein mit einer anderen Person oft schlecht fühlen oder im Anschluss ein negatives Gefühl zurückbleibt, dann sollte diese Beziehung grundsätzlich überdacht werden. Horchen Sie dafür einmal in sich hinein, um zu merken, ob Ihnen die Beziehung guttut oder ob der Gedanke an diesen anderen Menschen mit weniger positiven Gefühlen einhergeht. Jede Beziehung ist ab und zu schwierig, dauerhaft sollte dies jedoch nicht der Fall sein. Toxische Beziehungen haben eine vermindernde Lebensqualität zur Folge, erschweren zukünftige Bindungen und reduzieren meist erheblich das Selbstwertgefühl. Von dem Stress, den sie verursachen, einmal ganz abgesehen.

#4 Ängste und Phobien

Große Stressoren sind im Allgemeinen Ängste und Phobien aller Art. Denn beim Nachdenken über diese Ängste oder beim Auftreten von entsprechenden Situationen, in denen Angst oder sogar Panik regieren, werden Stresshormone ausgeschüttet. Der ganze Körper wird dann, wie bei Stressreaktionen üblich, angespannt und ein innerlicher Druck entsteht. Dass es sich hierbei um negativen Stress handelt, muss nicht extra betont werden. Wenn Sie oft Ängste in Ihrem Leben ausstehen müssen, unter Phobien leiden oder sich ständig Sorgen machen, dann setzen Sie Ihren Körper damit enorm unter Stress. Langfristig riskieren Sie damit psychische Erkrankungen wie Depressionen und mindern Ihre Lebensqualität im Allgemeinen sehr stark. Wenn Ängste und Phobien bei Ihnen erhebliche Stressoren darstellen, dann lohnt sich ein Blick auf die Strategien in diesem Buch, dank derer Sie ruhiger werden und lernen, besser mit diesen Gefühlen umzugehen.

#5 Eifersucht

Wirklich tückisch ist das Gefühl von Eifersucht mit seinen Auswirkungen auf die Gefühlslage, auf die Gedanken und auf die allgemeine Stimmung. Eifersucht geht mit einer großen Anspannung, mit Grübeln und mit negativen Gedanken einher, was die Person, die eifersüchtig ist, unter großen Stress setzt. Nicht zu unterschätzen ist zudem die Eifersucht in einer Beziehung von Seiten des Partners, mit der Sie vielleicht umgehen müssen. Diese sorgt ebenfalls für Anspannung, für Stress und in jedem Fall für negative Gefühle. Dass Eifersucht jede Beziehung mit der Zeit ruinieren kann, steht außer Frage. Die Auswirkungen auf die eigene Gefühlslage sind in beiden Fällen nicht zu unterschätzen, da die innere Ruhe nach und nach immer mehr leidet, sodass Eifersucht als erheblicher Stressor anzusehen ist.

#6 Unzufriedenheit mit dem Beruf

Wir verbringen meist viel Zeit auf der Arbeit – rund acht Stunden täglich an fünf Tagen in der Woche, oft kommen An- und Abfahrt mit dazu oder die Arbeitszeit wird überzogen. Folglich nimmt die Arbeit einen großen Teil unseres Lebens ein. Wenn die Arbeit viele Probleme mit sich bringt, es stets hektisch zugeht und Sie gar nicht mehr zur Ruhe kommen, handelt es sich hierbei zweifellos um einen großen Stressfaktor. Unzufriedenheit mit dem Beruf, eine angespannte Situation am Arbeitsplatz oder zwischenmenschliche Probleme mit den Kollegen sind nur einige klassische Stressoren, mit denen viele von uns zu kämpfen haben. Langfristig droht dann die völlige

Erschöpfung, ein Burn-out kann die Folge sein und Krankheiten können sich leichter entwickeln.

#7 Prüfungsstress

Der Gedanke an eine bevorstehende Prüfung versetzt uns rasch in den Kampf- und Fluchtmodus, da dies keine Situation ist, in der die meisten Menschen gelassen bleiben. Mit sehr viel innerer Ruhe und Ausgeglichenheit ist es sicherlich möglich, selbst vor einer solchen Prüfung relativ entspannt zu bleiben. Wenn Prüfungen allerdings bei Ihnen als enorme Auslöser für Stress gelten, dann hilft das Anwenden von Techniken, mit denen Sie mit diesem Druck umzugehen lernen. Prüfungsstress kann auf lange Sicht genauso krank machen wie ständige zwischenmenschliche Probleme oder die Unzufriedenheit mit dem Job.

#8 Meinungen von anderen

Je nachdem, wie stark Sie sich beeinflussen lassen und wie sehr Sie auf andere Menschen hören, können die Meinungen anderer Personen einen erheblichen Stressfaktor darstellen. Vielleicht fühlen Sie sich schnell verurteilt oder angegriffen oder bekommen negative Meinungen zu Ihren Vorhaben zu hören, die Sie keineswegs voranbringen. Als Folge davon fühlen Sie sich unter Druck gesetzt, was in jedem Fall negative Auswirkungen auf Ihr Stresslevel haben wird.

#9 Zwischenmenschliche Konflikte inklusive Trennungen

Zuvor wurden bereits toxische Beziehungen als besondere Form der zwischenmenschlichen Konflikte als Stressor genannt. Insgesamt verursachen zwischenmenschliche Konflikte und insbesondere Trennungen erheblichen Stress, der sich auf das gesamte Leben auswirken kann. Eine Trennung wirft uns oft völlig aus der Bahn und verursacht Stress mit all seinen körperlichen und psychischen Reaktionen, die dabei zu erwarten sind. Zwischenmenschliche Konflikte jeder Art stressen uns und sorgen dafür, dass unsere Gelassenheit mit der Zeit leidet und unsere Nerven immer weiter strapaziert werden. Wer in einem Umfeld mit vielen Konflikten und Problemen lebt, findet hier eine bedeutende Ursache für Stress.

#10 Krankheiten und Verletzungen

Körperliche Stressoren sind Krankheiten und Verletzungen, die sich sehr belastend auf unsere Psyche auswirken. Jede Art von Krankheit oder Verletzung führt dazu, dass unsere Grundstimmung negativer wird und Ängste schneller hochkommen. Der Körper wird je nach Ausmaß der Krankheit in einen Zustand von dauerhaftem Stress versetzt, was dafür sorgen kann, dass Sie sich noch kränker fühlen. Eine ungesunde Ernährung und Lebensweise unterstützen die Entwicklung von Krankheiten noch zusätzlich und wirken sich als enormer Stressor aus. Sie können zwar nicht gegen alle Krankheiten etwas unternehmen, doch es ist möglich, so gesund wie nur möglich zu leben, um rechtzeitig weitere Folgen und Stress für den Körper und die Psyche zu verhindern.

Die Ursachen und Folgen von Stress zu erkennen sowie einen Blick auf die unterschiedlichen Arten von Stress zu werfen, ist ein erster Schritt in die richtige Richtung. Für das Erreichen von mehr Gelassenheit im Alltag ist zusätzlich noch die Beschäftigung mit Ängsten sowie mit häufigem Grübeln nötig, da gerade Angst jede innere Ruhe zunichtemacht. Auf den folgenden Seiten erfahren Sie mehr über Ängste und über den Ursprung von Grübeleien, und Sie finden im Anschluss die besten Herangehensweisen für mehr Gelassenheit.

Ängste verstehen: Wie entstehen die Stimmen im Kopf?

Wer kennt sie nicht, die negativen Gedanken, die Stimmen im Kopf und die Sorgen und Ängste, die uns regelrecht von innen heraus aufzehren. Es fällt uns in vielen Situationen sehr schwer, ruhig zu bleiben und unsere Gedanken zu besänftigen. Da diese Ängste, die berühmten „Stimmen im Kopf" und ständige Sorgen zu einer Stressreaktion des Körpers führen, ist es unverzichtbar, unsere Ängste besser zu verstehen. Hierbei ist das Grübeln als besonders ausgeprägte Form der negativen Gedanken zu beachten: Grübeln ruft Stress hervor, der so schwerwiegend ist, dass damit (psychische) Krankheiten einhergehen können. Deshalb wurden Ängste und Phobien genau wie Sorgen bereits zuvor als Stressoren bezeichnet, die mit erheblichen Folgen für das allgemeine Wohlbefinden einhergehen.

Zunächst einmal handelt es sich bei Angst als einem Gefühl um eine genauso normale Reaktion, wie es bei Stress der Fall ist. Angst ist daher sogar nützlich für uns, da unser Körper die Angstreaktion im Falle einer Gefahr benötigt, damit wir rasch reagieren und etwas unternehmen können. Anders gesagt fehlt uns ohne die Angst der Instinkt, eine Gefahr als solche einzustufen und sie im Anschluss auszuschalten oder ihr aus dem Weg zu gehen. Dies ist das natürliche Gefühl von Angst. Sie kann jedoch zu einer extremen und weniger natürlichen Reaktion werden. In einem solchen Fall wird von einer „Angststörung“ gesprochen, die zur Folge hat, dass die eigene Lebensqualität beeinträchtigt wird und ein normales Leben nur noch bis zu einem gewissen Punkt möglich ist. Therapien, Medikamente und professionelle Unterstützung sind für viele Betroffene notwendig, um die Angst wieder auf ein normales Maß zu senken. Doch hier gehen wir erst einmal nicht von einer Angststörung aus, sondern vielmehr von den „üblichen“ Ängsten im Alltag, die für viele Menschen bereits zur größeren Last werden.

Ängste können zum Beispiel die Zukunft betreffen, da wir sie nicht oder nur schwer einschätzen können. Doch Ängste können sich ebenso auf bestimmte Mitmenschen beziehen, sich um Beziehungen drehen, um die eigene Sicherheit, um die finanzielle Situation oder um das Leben im Allgemeinen. Es gibt sehr viele ängstliche Gedanken, die Menschen in der heutigen Zeit plagen – abgesehen von tatsächlich vorhandenen Gefahren. Dabei geht es erst einmal darum zu verstehen, ob entsprechende Ängste aktuell bei Ihnen vorhanden sind, und natürlich darum, warum diese Ängste bestehen. Beobachten Sie sich dafür einmal selbst, um zu erkennen, ob Sie hier eine Veränderung erzielen sollten. Denn es gibt ohne Frage Ängste, die sich auf eine konkrete Gefahr beziehen. Ist die Gefahr allerdings beseitigt, gibt es keinen Grund mehr, Gedanken zu hegen, die um die Ursache der Angst kreisen. Gibt es jedoch keine konkrete Gefahr, sondern herrscht eher eine allgemein ängstliche

Grundstimmung bei Ihnen vor, macht es Sinn, sich zu überlegen, wie Sie diese Gedanken stoppen können.

Eine übersteigerte Angst kann sich als Angststörung zeigen, die teilweise regelrechte Panikattacken mit sich bringt. Ständig kreisende sorgenvolle Gedanken zeugen eher vom Grübeln. Dabei kreisen die immer gleichen, teilweise diffus ängstlichen Gedanken in unserem Kopf herum, zermürben uns und führen dazu, dass diese Gedanken uns unsicher machen, uns stressen oder zu einem allgemeinen Unwohlsein führen. Grüblerische Gedanken sind wie Stimmen in unserem Inneren, die uns belasten, die uns quälen und die jeden Versuch von innerer Gelassenheit sofort in Luft auflösen. Solche Gedanken und Ängste stören somit vollständig unsere innere Ruhe.

Folgende Fragen helfen Ihnen dabei zu erkennen, ob Sie sich mit Ihren Ängste und grüblerischen Gedanken beschäftigen sollten:

- Haben Sie das Gefühl, dass Sie im Alltag mit vielen Sorgen und Ängsten zurechtkommen müssen?
- Kreisen bei Ihnen Gedanken im Kopf, die sich nicht abstellen lassen?
- Drehen sich Ihre Gedanken eher um Probleme, statt aktiv nach Lösungen zu suchen?
- Beeinträchtigen Ängste Sie in bestimmten Situationen oder führen diese dazu, dass Sie bestimmte Situationen vermeiden?
- Haben Sie oft (selbst)kritische oder ängstliche Gedanken?

Falls Sie diese Fragen mit Ja beantworten, ist es Zeit zum Handeln. Krankhafte oder übersteigerte Angst sowie Grübeleien verringern die Lebensqualität und haben zur Folge, dass Sie unglücklich sind und verschiedene Situationen vermeiden. Durch diese Grübeleien wird Ihr Körper unter Stress gesetzt, sodass es sich dabei um einen großen Stressor handelt. Darüber hinaus geht übersteigerte Angst mit verschiedenen Anzeichen einher, die körperlich zu beobachten sind. Dazu zählen unter anderem folgende:

- rasender Puls
- Herzklopfen
- verschwitzte Hände
- Druck auf der Brust, Engegefühl in der Brust
- Probleme beim Luftholen
- Kloß im Hals
- Druckgefühl im Kopf
- zittrige Hände

Zu übersteigerten Ängsten gehören auch Phobien. Ganz gleich, ob wir von Platzangst, von Höhenangst, von Flugangst oder von der Angst vor Spinnen, Schlangen oder anderen Tieren sprechen, die körperliche Reaktion ist immer dieselbe. Diese Ängste belasten uns, schränken uns ein und tragen dazu bei, dass unsere innere Gelassenheit sehr stark leidet. Es gibt darüber hinaus Ängste, die sich auf soziale Situationen beziehen und beispielsweise im Zusammenhang mit Prüfungsangst, Angst vor der Beurteilung durch andere Menschen oder die Angst, vor Menschen zu sprechen, stehen können. Diese Ängste machen uns unsicher, verringern unser Selbstbewusstsein, verhindern Erfolg im Leben und sorgen dafür, dass wir uns kontinuierlich selbst unter Druck setzen. Nicht jede dieser

Ängste muss automatisch krankhaft sein. Doch im Falle einer krankhaften Angst treten verschiedene Reaktionen und Vorgehensweisen als entsprechende Folge auf:

- Ich brauche Alkohol, Drogen oder Beruhigungsmittel, um mit meinen Ängsten zurechtzukommen und um diese zu beruhigen.
- Meine Arbeit oder meine Beziehung(en) leiden bereits unter meinen Ängsten.
- Ich denke täglich längere Zeit über meine Ängste und Sorgen nach.
- Ich werde durch meine Gedanken und Ängste depressiv und/oder habe Selbstmordgedanken.
- Ich vermeide verschiedene Situationen oder schränke mich in meinem Alltag und in meiner Lebensqualität ein, um angstauslösende Situationen zu vermeiden.

Im weiteren Verlauf dieses Buches finden Sie Übungen dazu, wie Sie Ängste stoppen und überwinden können. Doch bereits an dieser Stelle erfahren Sie, worauf es ankommt, damit Sie Ihre Ängste wieder in den Griff bekommen. Das Gleiche gilt für das Grübeln, welches oft aus Ängsten und verschiedenen Sorgen resultiert und zu einer allgemeinen Unsicherheit führt. Zuerst einmal ist es notwendig, dass Ihnen Ihre Ängste ebenso wie Ihre grüblerischen Gedanken überhaupt bewusst werden. Mit diesem Bewusstsein beginnt die Erkenntnis, dass es Zeit für eine Veränderung der Situation ist.

Jetzt ist es entscheidend, dass Sie aufhören, Situationen zu meiden, in denen die Ursache für Ihre Ängste liegen könnte. Konfrontieren Sie sich mit diesen Situationen, mit Ihren

Ängsten und Gedanken und versuchen Sie, schrittweise eine Verbesserung durch ebendiese Konfrontation zu erzielen. Entscheidend ist, dass Sie verstehen, wovor Sie Angst haben oder worin Ihre Sorgen begründet liegen. Nehmen Sie Ihre Gedanken wahr und stellen Sie sich Ihren Ängsten oder lenken Sie sich zumindest im ersten Moment von Ihrer Angst ab. Dies hilft genauso gut gegen grüblerische Gedanken, wenn Sie sich dabei ertappen und dann bewusst ablenken. Die Übungen in diesem Buch helfen Ihnen dabei, innerlich ruhiger und gelassener zu werden. Es hilft außerdem, sich mit seinen Ängsten und Gedanken zu befassen und diese nicht einfach zu ignorieren. Versuchen Sie zu erkennen, ob es einen rationalen Grund für Ihre Angst gibt. Warum denken Sie, dass Sie sich Sorgen machen müssten und Angst haben sollten? Helfen Ihnen Ihre Gedanken im Alltag weiter oder sind sie einfach nur da und bringen Sie nicht vorwärts? Machen Sie sich des Weiteren bewusst, dass jeder Mensch mit Ängsten kämpfen muss. Angst ist eine natürliche Reaktion, die jedoch nicht zu stark ausfallen und Ihre Lebensqualität nicht beeinträchtigen sollte.

Sollten die Ängste zu übermächtig werden, macht es neben unserem Training für mehr Achtsamkeit und Gelassenheit Sinn, sich mit einer Therapiemöglichkeit auseinanderzusetzen. Manchmal werden die Ängste zu stark und übermächtig, sodass Sie allein nicht mehr weiterkommen. Dann ist die Zeit zum Handeln gekommen, und im Anfangsstadium lässt sich bei einer Angststörung noch sehr gut etwas unternehmen. Da Ängste und ständiges Grübeln zu schweren psychischen Erkrankungen und Depressionen führen beziehungsweise diese verstärken können, ist es essenziell, sich mit diesen Gedanken auseinanderzusetzen. Es handelt sich hierbei nicht um Gefühle, für die Sie sich schämen müssen, ganz im Gegenteil. Bemühen Sie sich lediglich darum, sich im Interesse Ihrer mentalen Gesundheit mit diesen Gefühlen auseinanderzusetzen, um Ihre Lebensqualität letztlich deutlich zu erhöhen. In psychisch belastenden Situationen neigen schließlich sogar solche Menschen zu übersteigerten Ängsten sowie zu regelrechten Panikattacken, welche früher nie von diesen Gefühlen betroffen waren.

Für eine erste Verbesserung Ihrer Situation ist es entscheidend, Ihre Ängste, Stressoren sowie Stress im Allgemeinen zu verstehen: Je besser Ihnen bekannt ist, welche Ursachen für den Stress verantwortlich sind, desto leichter lässt sich an diesem Punkt ansetzen. Mit dem Willen, an sich zu arbeiten und den Alltag Stück für Stück achtsamer zu gestalten, fällt es Ihnen leichter, entsprechende Ergebnisse zu erzielen. Über das Thema Achtsamkeit und die Bedeutung im Alltag erfahren Sie auf den folgenden Seiten noch mehr, um die Vorteile für Ihr Leben zu erkennen.

Herangehensweisen für mehr Gelassenheit: Alltag, Beruf und Beziehungen entspannt meistern

Das Betrachten der Folgen von Stress, Ängsten und des ständigen Grübelns zeigt uns deutlich, warum Gelassenheit in unserem Leben eine so große Rolle spielt beziehungsweise spielen sollte. Wem es nicht gelingt, gelassen und achtsam zu leben, wird in allen Lebensbereichen mit Schwierigkeiten zu kämpfen haben. Aus diesem Grund finden Sie auf den folgenden Seiten unterschiedliche Herangehensweisen für das Erreichen von mehr Gelassenheit. Da es uns schwerfällt, im Alltag entspannt zu bleiben, wenn im Beruf oder in unseren Beziehungen regelmäßig Probleme auftreten, betrachten wir diese Bereiche genauer, um für mehr Entspannung zu sorgen. Entscheidend ist bei allen Vorgehensweisen, dass Sie eine Änderung Ihrer Einstellung anstreben sollten, um erfolgreich an allen gewünschten Themen arbeiten zu können.

Im ersten Schritt ist es daher nötig, dass Sie erkennen, warum Sie nicht entspannt und gelassen sind. Betrachten Sie dafür einzeln Ihre Arbeit, Ihre Beziehungen sowie Ihren Alltag im Allgemeinen. Gibt es hier spezielle Stressoren oder Situationen, die Sie immer wieder aus der Ruhe bringen? Erst, wenn Sie genauer wissen, wann Ihre Gelassenheit Sie verlässt, können Sie mit den passenden Gegenmaßnahmen beginnen. Egal, vor welchen aktuellen Herausforderungen Sie stehen, es besteht in jedem Fall die Möglichkeit, alle Bereiche Ihres Lebens entspannt zu meistern. Das gilt selbst bei einem besonders stressigen Projekt auf der Arbeit, nach der Trennung vom Partner und in dem Moment, in dem absolutes Chaos in Ihrem Leben herrscht. Gerade in solchen Situationen fällt es uns sehr schwer, die Ruhe zu bewahren, negative Gedanken beiseitezuschieben und innere Stärke zu zeigen.

Gehen Sie in sich und schreiben Sie ruhig einmal zehn Dinge auf, die Sie nerven, die Sie aus der Ruhe bringen oder bei denen Sie sich mehr Gelassenheit wünschen. Sie können alle Lebensbereiche gemeinsam betrachten oder in die Bereiche „Alltag“, „Beruf“, „Partnerschaft“ etc. aufteilen, je nach Wunsch und Bedarf. Hier finden Sie einige Möglichkeiten, wobei Ihre persönliche Liste natürlich ganz anders aussehen kann:

- Der Zug kommt ständig zu spät und das stresst mich, weil ich warten muss.
- Die Wohnung sieht immer furchtbar aus und es gelingt mir nicht, hier Ordnung hereinzubringen. Dadurch fühle ich mich unwohl und habe das Gefühl, dass immer etwas nicht stimmt.
- Mein Partner kommt morgens nicht aus dem Bett und im Anschluss müssen wir uns entweder

beeilen, was mich stresst, oder kommen zu spät, was mich ebenfalls aus der Ruhe bringt.

- Der Kollege schiebt mir bei Fehlern die Schuld in die Schuhe, was mich jedes Mal aufregt – nur mein Chef versteht nicht, wie manipulativ dieser Kollege ist.

Diese Liste an Beispielen lässt sich selbstverständlich fortsetzen und besteht bei Ihnen sicherlich aus einigen speziellen Erlebnissen, die Sie regelmäßig aus der Ruhe bringen. Wenn Sie einmal wissen, was Sie aufregt und wodurch Sie gestresst oder gar ängstlich reagieren, dann können Sie gezielt dagegen vorgehen. Machen Sie sich bewusst, dass Sie erst wissen müssen, was Sie aus der Haut fahren lässt und aus der Ruhe bringt. Im nächsten Schritt können Sie etwas dagegen unternehmen, denn es ist immer so, dass Sie sich nur aufregen können, wenn Sie den jeweiligen Ereignissen und Menschen die Macht dazu geben. Folglich ist ein gelassenes, achtsames Leben mit weniger Stress eine persönliche Entscheidung, die Sie für sich treffen können.

Mit den folgenden fünf Tipps können Sie in allen Bereichen Ihres Lebens gelassener werden und können diese Maßnahmen durch alle weiteren Strategien und Übungen in diesem Buch ergänzen, um dauerhaft zu mehr innerer Ruhe zu kommen:

#1 Realität hinterfragen: Gründe für einen Realitätscheck

Eine der wichtigsten Aussagen zum Thema „Gelassenheit“ wird stets sein, dass die Realität jedes Menschen subjektiv ist. Es handelt sich also nicht um eine objektive, immer der Realität entsprechenden Wahrnehmung, denn unsere bisherigen Erfahrungen, unsere Gedanken und unsere innere Einstellung beeinflussen die von uns wahrgenommene Realität. Machen Sie daher einen Realitätscheck, hinterfragen Sie Ihre Wahrnehmung und überlegen Sie ruhig einmal, ob es sinnvoll ist, sich durch eine bestimmte Situation aus der Ruhe bringen zu lassen.

Nehmen wir als Beispiel eine Situation auf der Arbeit, die Sie aufregt, weil Sie das Gefühl haben, Sie müssten alles übernehmen, während Ihr Kollege Däumchen dreht. Allerdings sind Ihre Erfahrungen stark von früheren Kollegen und anderen Arbeitssituationen geprägt. In Wahrheit ist Ihr Kollege ein wenig schneller als Sie und hat zudem andere Aufgabengebiete. Das ist mit dem „Realitätscheck“ gemeint: Überprüfen Sie, ob Ihre Einstellung Sinn macht oder ob Sie vielleicht doch überreagieren und sich ganz umsonst aus der Ruhe bringen lassen. Das kommt oft genug vor, und es ist immer wieder faszinierend, genau das festzustellen, da wir unsere eigene Realität und Wahrnehmung oft für die einzig Wahre halten.

#2 Loslassen üben: Freiheit und Gelassenheit gewinnen

Wir halten im Leben an vielen Dingen fest, die uns unsere Gelassenheit, unseren Schlaf und unseren Frieden im Alltag rauben. Es sind zum Beispiel alte Wunden, die nicht verheilen, Erfahrungen, die uns geprägt haben, und Erwartungen, die wir an andere haben, die uns belasten. Für mehr Ruhe und Gelassenheit im Alltag ist es entscheidend, sich im Loslassen zu üben und bereit zu sein, mit weniger

Ballast in die Zukunft aufzubrechen. Ob Sie Dinge, die Sie loslassen wollen, durch ein Ritual verabschieden wollen oder nicht, bleibt ganz Ihnen überlassen. Sie können beispielsweise alles, was Sie loslassen wollen, auf einen Zettel schreiben und diesen verbrennen, vergraben oder an einem Ballon in den Himmel steigen lassen. Grundlegend ist dabei die Bereitschaft, Dinge zu erkennen, die Sie belasten, und diese dann loszulassen.

#3 Bewusste Entscheidung für mehr Gelassenheit: Es liegt an uns

Wie schon beim ersten Punkt dargelegt: Sie selbst entscheiden über Ihre Wahrnehmung und haben die Möglichkeit, die Realität zu hinterfragen. Somit können Sie entscheiden, ob Sie sich über den Partner, Ihre Freunde oder Kollegen ärgern wollen oder nicht. Denn Gelassenheit beginnt genau wie das Achtsamsein in jedem Einzelnen von uns. Diese Einstellungen kommen aus unserem Inneren und können gesteuert werden. Entscheiden Sie sich bewusst für mehr Gelassenheit und versuchen Sie, sich in anstrengenden Situationen an diese Entscheidung zu erinnern.

#4 Räumliche und zeitliche Distanz: Das Leben weniger ernst nehmen

Vieles im Leben nehmen wir zu ernst, einfach weil wir denken, dass dies so sein müsste. Vieles sieht mit ausreichend Distanz, sowohl in räumlicher als auch in zeitlicher Hinsicht, schon anders aus. Versuchen Sie, Ihr Leben leichter zu nehmen, und bauen Sie eine gewisse Distanz zu Problemen auf. Im Anschluss können Sie wahlweise leichter loslassen oder gewinnen Erkenntnisse, die Ihnen in der Zukunft helfen können. Früher hat man Menschen, die das Leben nicht so streng nehmen und stets ruhig und gelassen bleiben, schräg angesehen. Dabei ist das ein Zustand, der von uns verstärkt angestrebt werden sollte und der eigentlich jederzeit erreicht werden kann – unter anderem durch genug Distanz zu den Problemen unseres Lebens.

Es kann oft schon viel bringen, wenn Sie eine Situation im Anschluss mit ein wenig Distanz betrachten. Setzen Sie sich an einen ruhigen Ort und überdenken Sie Ihre Gefühle und Gedanken zu ebendiesem Erlebnis. Lohnt es sich wirklich, dass diese Situation oder eine bestimmte Person Sie aus der Ruhe bringen? Können Sie in Zukunft anders handeln oder zumindest eine Erkenntnis aus den bisherigen Geschehnissen gewinnen? Beantworten Sie sich diese Fragen in Ruhe, wenn Sie beispielsweise über eine ärgerliche Situation auf der Arbeit oder über einen Streit mit dem Partner im Nachgang nachdenken. Mit ein wenig Distanz sehen viele Dinge im Leben plötzlich ganz anders aus! Durch dieses Wissen werden Sie mit der Zeit immer entspannter werden.

#5 Minimalismus im Leben: Alle Lebensbereiche aufräumen

Besitz kann uns sehr belasten und sorgt nicht unbedingt dafür, dass wir uns gut fühlen. Viel Besitz kann also tatsächlich belastend sein, was uns manchmal erst auffällt, wenn wir mehr Minimalismus in unser Leben bringen. Je weniger Sie besitzen und konsumieren, desto freier fühlen Sie sich. Dieser Aspekt ist aber nicht nur für Ihr Konsumverhalten und Ihren Geldbeutel von Bedeutung. Vielmehr lohnt es sich, in Bezug auf die Arbeit und auf Beziehungen ebenfalls das Konzept des Minimalismus zu leben, um sich freier und leichter zu fühlen. Überlegen Sie dafür, ob alle Menschen in Ihrem Leben Ihnen wirklich guttun oder ob es Menschen gibt, die Ihnen (nicht mehr) guttun, die Sie belasten und zu denen Sie daher den Kontakt besser einschränken sollten. Gleiches gilt für die Arbeit: Wenn Sie mit dieser unzufrieden sind oder sich andauernd gestresst fühlen, dann sollten Sie sich vielleicht davon befreien und sich einen anderen Job suchen. Es gibt viele Möglichkeiten, um sein Leben aufzuräumen und mehr Minimalismus in seinen Alltag zu bringen. Räumen Sie nacheinander alle Lebensbereiche auf und seien Sie gespannt auf das neue Gefühl der Leichtigkeit und der Gelassenheit, welches im Anschluss auf Sie wartet.

Nachfolgend finden Sie geeignete Maßnahmen, die Sie dabei unterstützen, in allen Lebensbereichen entspannt zu bleiben. Vom Erlernen von mehr Akzeptanz bis hin zur Arbeit an der eigenen Einstellung und an inneren Blockaden hin zu mehr Resilienz sowie Selbstfürsorge finden Sie Ideen, die Ihnen dabei helfen, gelassener und entspannter durchs Leben zu gehen.

Akzeptanz erlernen und innere Blockaden lösen

Ohne das Akzeptieren bestimmter Umstände fällt es uns schwer, gelassener zu werden. Sie würden sich sonst immer auf die negativen Dinge fokussieren und lernen nicht, entspannter mit Tatsachen umzugehen, die Sie ohnehin nicht ändern können. Eine der bedeutsamsten Herangehensweisen für mehr Gelassenheit im Leben ist es zu wissen, wann sich der Kampf und die Wut lohnen. Die Wahrheit gefällt uns oft nicht, da es nur sehr selten der Fall ist, dass sich diese negativen Gefühle wirklich „lohnen". Sie halten sich dadurch nur selbst auf und geraten in Stress. Fehlende Akzeptanz geht übrigens mit einer geringen Resilienz einher, also einer niedrigen psychischen Widerstandskraft, die wiederum zu weniger Gelassenheit im Leben führen kann.

An dieser Stelle finden Sie ein Beispiel, um eine mögliche Vorgehensweise bei Problemen zu erkennen, die Ihnen helfen kann. Nehmen wir einmal an, dass Sie gerade in Bezug auf Ihren Job einen schweren Stand haben. Sie haben einen neuen Chef, dem Sie scheinbar nichts recht machen können, und es geht so weit, dass Ihnen trotz aller Bemühungen irgendwann gekündigt wurde. Jetzt stehen Sie ohne Arbeit da, müssen sich eine neue Tätigkeit suchen und sind vermutlich mehr als nur frustriert. Sie haben nun zwei Möglichkeiten: Sie können die Situation so akzeptieren, wie sie nun einmal ist, und von dieser Ausgangslage aus nach einer Lösung suchen. Oder Sie grübeln, warum es gerade Sie getroffen hat, ärgern sich die ganze Zeit darüber und sind so wütend, dass Sie erst einmal gar nicht vorankommen.

Die erste Möglichkeit bringt Ihnen wahrscheinlich recht bald einen neuen Job ein. Sie hilft Ihnen dabei, aus der Kündigung und der ganzen Situation etwas zu lernen, ohne direkt die Fassung zu verlieren. Die zweite Möglichkeit hält Sie dagegen auf, führt zu negativen Gedanken, zu Stress und zu vielen sehr unschönen Momenten, Tagen oder gar Wochen. Sie benötigen auf jeden Fall länger als bei der ersten Option, um eine neue Arbeit zu finden. Und Ihre innere Ruhe ist wie weggeblasen, wenn Sie sich die ganze Zeit über die Kündigung ärgern und damit hadern.

Natürlich ist es häufig schwierig, bestimmte Dinge zu akzeptieren, vor allem dann, wenn eine Situation so ungerecht erscheint, dass Sie am liebsten schreien oder um sich schlagen würden. Letztendlich wird aber nichts besser, indem Sie sich ärgern und die Tatsachen nicht akzeptieren. In diesem Beispiel wurde Ihnen der Job gekündigt und es gibt keine Möglichkeit mehr, diese Tatsache zu ändern. In anderen Fällen werden Sie vielleicht von Ihrem Partner verlassen oder müssen sich aufgrund einer Krankheit für einen neuen Lebensweg entscheiden. Gerecht ist keines dieser Szenarien. Mit negativen Gedanken, mit Grübeln, mit Wut oder fehlender Akzeptanz machen Sie es jedoch nur noch schlimmer. Erst durch Akzeptanz erreichen Sie die nötige Ausgangslage, um erfolgreich zu handeln, um weiterzumachen und um die Herausforderungen und Probleme im Leben zu bewältigen. Sie machen sich selbst schwach, wenn es Ihnen nicht gelingt, manche Situationen als Tatsache zu akzeptieren. Hiermit ist übrigens nicht gemeint, dass Sie einfach alles hinnehmen sollten. Es geht hierbei ausschließlich um Dinge, die sich nicht von Ihnen ändern lassen und die sonst für viel negative Energie sorgen.

Zusätzlich zum Thema „Akzeptanz" und zum möglichen Umgang mit schweren Momenten im Alltag ist es essenziell, sich mit seinen inneren Blockaden zu befassen. Wir bauen im Laufe unserer Kindheit und im späteren Leben innere Blockaden und bestimmte negative Glaubenssätze auf, die uns stark behindern können. Sie können diese Blockaden und Glaubenssätze am ehesten mit vorgefassten Meinungen und starren Denkweisen vergleichen. Solche Glaubenssätze stellen eine Einstellung zu uns selbst dar, eine Grundhaltung, die verheerend auf uns wirkt. So kann es zum Beispiel passieren, dass Sie denken, dass Sie nicht gut genug seien. Ein solcher Glaubenssatz wird meist bereits in der Kindheit oder in der Jugend vermittelt, und es fällt uns anschließend nicht leicht, diesen zu ändern. Wenn Ihnen früher ständig gesagt wurde, dass Sie nicht gut genug seien, dann beginnen Sie irgendwann, dies zu verinnerlichen. Später trauen Sie sich dann keine Herausforderungen zu oder scheuen vor neuen Erfahrungen zurück, da Sie denken, dass Sie diese nicht meistern könnten. Ein solcher Glaubenssatz zieht sich durch Ihr gesamtes Leben, blockiert Sie innerlich und macht Sie unglücklich.

Es handelt sich bei negativen Glaubenssätzen genauso um innere Blockaden, wie es bei der fehlenden Akzeptanz der Fall ist. Sie tragen natürlich keine Schuld daran, wenn sich bei Ihnen negative Glaubenssätze entwickelt haben. Entscheidend ist nur, dass Sie sie nun erkennen, an diesen arbeiten und im nächsten Schritt versuchen, sie aufzulösen. Sie können diese inneren Glaubenssätze so transformieren, dass sie mit der Zeit zu einer bestärkenden Meinung werden. Es kostet Sie nur ein wenig Geduld, da Sie nicht erwarten können, dass Sie nach wenigen Minuten der Übung Ihre negativen Glaubenssätze bereits ablegen können.

An dieser Stelle finden Sie eine Übung, die Sie dabei unterstützt, Ihre inneren Blockaden zu erkennen und mit diesen zu arbeiten:

1. Nehmen Sie sich ein großes Blatt Papier, einen Stift und genug Zeit, in der Sie nicht unterbrochen oder abgelenkt werden, um anzufangen.
2. Jetzt denken Sie an einen bestimmten Lebensbereich wie beispielsweise an „Arbeit". Schreiben Sie alles auf, was Ihnen spontan zu diesem Thema einfällt.
3. Ein positiver Glaubenssatz wäre: „Meine Arbeit macht mir Spaß/ erfüllt mich / bereichert mein Leben" – negativ ist hier zum Beispiel: „Ich arbeite zu viel / ich habe keine Freizeit neben meiner Arbeit / ohne Arbeit ist mein Leben nichts wert / Ich muss hart arbeiten, um Geld zu verdienen".
4. Gehen Sie Ihren negativen Ansichten auf den Grund und überlegen Sie einmal ganz subjektiv, warum Sie so denken. Warum sind Sie der Meinung, dass diese negativen Gedanken stimmen, und gibt es hier vielleicht eine rational erklärbare Möglichkeit, dass Ihre Meinung nicht ganz richtig ist?

5. Im letzten Schritt versuchen Sie gezielt, positive Erfahrungen zu sammeln und diese in Zukunft aufzuschreiben, um Ihren negativen Glaubenssätzen mit der Zeit die Kraft zu nehmen. Denken Sie außerdem darüber nach, wann der negative Glaubenssatz in der Vergangenheit bereits widerlegt wurde und ob dies der Fall war.

Sie sehen, dass eine akzeptierende Einstellung und ein Auflösen der inneren Blockaden und Glaubenssätze mit ein wenig Geduld und starkem Willen verbunden sind. Möglich ist es in jedem Fall, an seiner Einstellung zu arbeiten und sich dahingehend zu verbessern, dass immer mehr positive Gedanken bewusst von Ihnen produziert werden. Wie hier schon erwähnt wurde, geht es um die Einstellung, also um die eigene innere Haltung, wenn es um das erfolgreiche Bewältigen von Problemen im Leben geht. Entweder Sie arrangieren sich nicht mit den Tatsachen oder Sie erkennen, dass es Herausforderungen gibt und arbeiten lieber an Lösungen, anstatt sich mit den Problemen aufzuhalten oder gar darüber zu lamentieren. Passend dazu finden Sie auf den folgenden Seiten Maßnahmen, die Sie dabei unterstützen, eine positive Grundhaltung zu entwickeln.

Die Einstellung macht den Unterschied: Maßnahmen für eine positive Grundhaltung

Eine Situation ist nie von sich aus gut oder schlecht. Sie teilen jede Situation einer dieser beiden Seiten zu, abhängig von Ihrer Grundhaltung, Ihrer Stimmung sowie von Ihren bisherigen Erfahrungswerten. Ihre Einstellung macht folglich den Unterschied aus, da Sie alle Situationen je entweder positiv oder negativ bewerten können. Wenn es Ihnen gelingt, sich eine positive Grundhaltung anzueignen, haben Sie daher bereits viel erreicht. Die vorherigen Kapitel haben Ihnen vor allem bei den Themen „Stress“, „Ängste“ und „Blockaden“ sowie beim Thema „Akzeptanz“ gezeigt, dass jede Situation verschiedene Seiten hat. Sie entscheiden selbst, wie Sie eine Situation bewerten, wie Ihre Einstellung ist und wie sich die gesamte Situation auf Sie auswirkt.

Bleiben wir beim bereits beschriebenen Beispiel der Kündigung Ihres Jobs. Sie können diese Situation positiv bewerten, einen gewissen Lerneffekt daraus mitnehmen und sie langfristig als Chance nutzen. Oder aber Sie verzweifeln, sind negativ eingestellt und lassen sich nicht auf diese neue Chance ein. Dieses Beispiel lässt sich beliebig auf völlig unterschiedliche Situationen anwenden. Wenn Sie einmal über Situationen nachdenken, die Sie aufregen, die für schlechte Laune sorgen oder negative Gefühle im Allgemeinen bei Ihnen hervorrufen, dann sollten Sie einmal innehalten. Der Grund für diese Gedanken besteht darin, dass Sie die Situation auf diese negative Weise wahrnehmen: Sie blockieren sich durch Ihre Einstellung selbst, möchten nur das Schlechte an der Situation wahrnehmen und lassen keinen Raum für weiteres Wachstum der Persönlichkeit und der eigenen Stärken. Doch Sie könnten sich genauso gut dafür entscheiden, die positiven Auswirkungen der Situation zu sehen, Chancen wahrnehmen und am Ende an einer Lösung arbeiten. Es ist am Ende Ihre eigene Entscheidung.

Sie können in jeder Situation im Leben eine Entscheidung treffen und für sich festlegen, ob Sie ein Ereignis positiv oder negativ bewerten. Eine der bedeutsamsten Maßnahmen für das Erzielen einer positiven Grundhaltung ist, dass Sie im ersten Schritt wahrnehmen müssen, dass es Ihnen aktuell nicht gut geht. Damit beginnt alles, denn nur mit dieser Wahrnehmung erkennen Sie, dass Sie Ihre Grundeinstellung verändern sollten. Falls Sie dabei herausfinden, dass Sie gestresst sind oder mit Ängsten oder Perfektionismus zu kämpfen haben, ist dies der erste Schritt in Richtung Gelassenheit: Bei allen Situationen, die Ihnen begegnen, sollten Sie versuchen innezuhalten und zu überdenken, wie Ihre Grundeinstellung aktuell ist. Begegnen Sie der Situation offen oder sind Sie von Anfang an negativ eingestellt? Erst, wenn Sie Ihre Grundhaltung erkennen und sehen, dass eine Veränderung möglich ist und nur von Ihnen abhängt, können Sie hier etwas unternehmen. Es kommt daher für das Verändern Ihrer Einstellung zunächst darauf an, dass Sie erkennen, wie es gerade bei Ihnen aussieht, und dann an sich und Ihrer Sicht auf die Welt arbeiten.

Es gibt verschiedene Möglichkeiten, um die eigene Einstellung zu transformieren. Besonders hilfreich ist hierbei, dass Sie sich bewusst machen, wie positiv und schön das Leben ist und wie viele Gründe es gibt, im aktuellen Moment zu verweilen, diesen zu genießen und entspannt durch den Alltag zu gehen. Einige Dinge, die Ihnen dabei helfen, Ihre Grundeinstellung langfristig zu verändern, finden Sie hier:

- Geben Sie negativen Gedanken und Einstellungen Kontra – halten Sie positive Gedanken und Erfahrungen dagegen und wählen Sie dabei die passenden Wörter.
- Arbeiten Sie mit Affirmationen (positiven Aussagen), um sich zu bestärken und um Kraft zu tanken.
- Schreiben Sie sich Ihre Erfolge auf, selbst die kleinen Erfolge im Alltag!
- Praktizieren Sie Dankbarkeit: Legen Sie den Fokus auf all das, wofür Sie dankbar sein können, und nicht auf die Dinge, die schlecht laufen.
- Rufen Sie bewusst positive statt negative Emotionen hervor: Das gilt auch für die Auswahl von Musik, von Filmen, Serien und Büchern.
- Verbringen Sie Zeit mit tollen Menschen, die über eine positive Grundeinstellung verfügen und eine entsprechende Ausstrahlung besitzen.
- Achten Sie auf mögliche positive Lerneffekte einer Situation – es gibt immer etwas Positives, es kann nur etwas dauern, diesen Aspekt wahrzunehmen.

- Gestehen Sie sich zuerst ein, dass eine Situation Sie womöglich nicht gerade glücklich macht, aber versuchen Sie im nächsten Moment auf den möglichen Lerneffekt oder auf die positive Zukunft, die Sie erwartet, zu blicken.
- Nutzen Sie die positiven Gefühle, die Sport und Bewegung mit sich bringen, um sich zu entspannen und eine Chance zu erhalten, Ihre Einstellung in eine positive Richtung hinzubewegen.

Machen Sie sich bewusst, dass es Ihre Entscheidung ist, wie Sie der Welt begegnen. Niemand kann etwas unternehmen, wenn Sie von sich aus ständig aus der Haut fahren, gestresst sind und „Gelassenheit" für Sie ein völliges Fremdwort ist. Es ist nur möglich, langfristig gelassener durch den Alltag zu gehen, wenn Sie zuerst eine Veränderung in sich selbst anstreben. Dadurch kann sich Ihr Leben vollständig verändern. Wenn Sie sich in Zukunft nicht mehr damit aufhalten, sich über Probleme zu beklagen oder mit der „schlimmen" Welt zu hadern, sieht diese direkt besser aus. Wenn Sie das nächste Mal einer Situation begegnen, die Sie richtig ärgert oder aufregt, halten Sie einen Moment inne und fragen Sie sich, wie Sie diese Situation noch betrachten könnten. Gibt es nur die eine Sichtweise, die Sie gerade einnehmen, oder sind hier noch andere Optionen vorhanden, um den aktuellen Moment zu bewerten? Es hilft schon, wenn Sie sich überlegen, dass Ihre aktuelle Sichtweise vielleicht nicht die einzige und absolut wahre Option darstellt. Allein dadurch streben Sie schon eine erste Veränderung Ihrer Grundhaltung, Ihrer Einstellung und der Gedanken an, die Sie zu diesem Thema haben.

Passend zum Thema der Grundhaltung sowie zur Resistenz gegenüber Stress, Problemen sowie Herausforderungen aller Art erfahren Sie im nächsten Kapitel mehr über Resilienz. Sie können somit das Training für mehr Gelassenheit und Achtsamkeit im Falle einer schwach ausgeprägten Resilienz mit den passenden Übungen für die psychische Widerstandsfähigkeit ergänzen.

Mehr Gelassenheit durch Resilienz: der Aufbau der psychischen Widerstandsfähigkeit

Geht es um Gelassenheit, ist das Thema „Resilienz", also die für uns so bedeutende psychische Widerstandskraft, zu beachten. Je widerstandsfähiger Sie in psychischer Hinsicht sind, desto weniger können Ihnen Herausforderungen und stressige Situationen etwas anhaben. Dadurch fällt es Ihnen außerdem leichter, gelassen zu reagieren und eine positive Grundhaltung zu bewahren. Wer wenig resilient ist, hat Schwierigkeiten im Umgang mit Problemen aller Art und lässt sich deutlich stärker von Stress beeinflussen, als es bei einer starken Resilienz der Fall ist. Eine starke psychische Widerstandsfähigkeit geht somit mit mehr Gelassenheit, Zufriedenheit und innerer Stärke einher.

In Zusammenhang mit diesem Thema sind die sieben Säulen der Resilienz von großer Bedeutung, die ich Ihnen an dieser Stelle für einen besseren Überblick vorstellen möchte. Diese sieben Säulen der Resilienz sind auf die Resilienzfaktoren zurückzuführen, die unter anderem im

Jahr 2003 von den US-amerikanischen Psychologen Karen Reivich und Andrew Shatté in ihrem Buch „The Resilience Factor" beschrieben wurden.

- **Eine optimistische Grundhaltung**

Eine optimistische Grundhaltung ist grundlegend für den Aufbau von Resilienz und sorgt für mehr innere Stärke. Wer eine optimistische Grundhaltung besitzt, lässt sich von negativen Umständen nicht so sehr beeinflussen und glaubt daran, dass sich alles zum Guten wenden wird. Sie können eine optimistische Grundhaltung trainieren, indem Sie gezielt den Fokus auf positive Gedanken legen und sich bemühen, das Verfolgen negativer Gedanken so weit wie möglich zu reduzieren. Denken Sie dafür an positive Erlebnisse, an Dinge, die Sie glücklich machen, und an alles, was Sie bereits erreicht haben. Wenn Sie Ihre Erfolge feiern und schöne Erlebnisse schätzen, sich in Dankbarkeit und dem Empfinden positiver Emotionen üben, wird Ihre Grundhaltung mit der Zeit immer optimistischer werden. Machen Sie sich bewusst, dass Ihre Grundhaltung von Ihrer persönlichen Einstellung abhängt und Sie jederzeit entscheiden können, ob und inwiefern Sie eine Situation als negativ ansehen. Mit der Zeit gewinnen Sie mit dem entsprechenden Fokus eine optimistische Grundhaltung, die entscheidend zu Ihrer Resilienz, Ihrer inneren Stärke und Ihrer Fähigkeit, Probleme zu lösen, beiträgt.

- **Ein positiver Blick auf die Zukunft**

Ein positiver Blick auf die Zukunft ist entscheidend, wenn es um emotionale Stärke und psychische Widerstandskraft geht. Schauen Sie daher nicht mit negativen, sondern mit positiven Erwartungen in Richtung Zukunft. Dieser positive Blick auf die Zukunft lässt sich trainieren, beispielsweise durch ein Tagebuch, in dem Sie die schönen Dinge aufschreiben, die Ihnen in Ihrem Leben widerfahren. Ein positiver Blick auf die Zukunft hilft Ihnen dabei, die Ereignisse in Ihrem Leben deutlich angenehmer zu sehen. Sie merken dadurch, dass am Ende eine gute und starke Zukunft auf Sie wartet.

Dabei hilft es Ihnen übrigens ebenfalls, wenn Sie sich Ziele für die Zukunft aufschreiben, die Sie erfüllen und antreiben. Versuchen Sie, täglich an Ihren Zielen zu arbeiten, um eine positive Zukunft zu gestalten. Fest steht, dass eine optimistische Grundhaltung (Säule Nummer eins) mit den entsprechenden positiven Gedanken und Emotionen Sie stark dabei unterstützt, zuversichtlich auf die Zukunft zu blicken. Sie trauen sich dank der gewonnenen Zuversichtlichkeit mehr zu, nehmen Herausforderungen an und werden insgesamt selbstbewusster. Damit geht dann automatisch deutlich mehr Gelassenheit einher, da es keinen Grund mehr gibt, sich ständig mit unangenehmen Gedanken an die Zukunft zu stressen.

- **Ein soziales Netzwerk mit engen Bindungen**

Einsamkeit schadet den Menschen, denn wir sind soziale Wesen. Enge Bindungen zu unseren Mitmenschen, gute Freunde, eine stabile Beziehung zum Partner sowie der Kontakt zu unserer Familie tun uns gut – und zwar so gut, dass diese Kontakte uns stärker und auf psychischer Ebene widerstandsfähiger machen. Es schwächt uns nachgewiesenermaßen, keine engen Bindungen zu anderen zu haben, es macht uns hingegen stärker, wenn wir bei

Schwierigkeiten auf gute Freunde zurückgreifen können. Wir schützen uns dadurch vor Einsamkeit. Übrigens meint ein starkes soziales Netzwerk nicht, dass Sie unzählige Freunde haben müssen. Viele Menschen, die introvertiert sind, haben beispielsweise eher wenig, aber dafür sehr gute Freunde und Beziehungen. Hier sind daher die jeweiligen Besonderheiten der eigenen Persönlichkeit zu beachten – pflegen sollten Sie Ihre Kontakte in jedem Fall, um insgesamt stärker und glücklicher zu sein.

Es soll an diesem Punkt noch ein Hinweis in Bezug auf die Menschen in Ihrem sozialen Netzwerk gegeben werden: Negative oder gar toxische Menschen im eigenen Umfeld sind ein echter Stressor und helfen Ihnen definitiv nicht dabei, innerlich stärker oder gelassener zu werden. Falls Sie Menschen in Ihrem Umfeld haben, die eher für Stress sorgen und Ihnen nicht guttun, sollten Sie überlegen, ob Sie Ihre Zeit nicht besser den Menschen schenken, die Ihnen ein Lächeln ins Gesicht zaubern. Es ist also nicht das soziale Netzwerk an sich, welches Sie innerlich stärker und insgesamt zufriedener macht, sondern die Art des Netzwerks, die entscheidend ist, und die Qualität Ihrer Beziehungen.

- **Eine positive Selbstwahrnehmung**

Wie können Sie genug psychische Widerstandskraft aufbauen, wenn Sie sich selbst die ganze Zeit negativ wahrnehmen? Eine positive Selbstwahrnehmung ist daher entscheidend und spielt im Zusammenhang mit der Resilienz eine fundamentale Rolle. Anders gesagt: Selbstbewusstsein, ein ausgeprägtes Selbstwertgefühl und nicht zuletzt eine große Portion Selbstliebe sind hierbei von größter Bedeutung. Nehmen Sie sich als Persönlichkeit positiv wahr und kennen Sie Ihre Stärken und Schwächen, können Sie davon ausgehend handeln und stärker aus Krisen hervorgehen. Sie lassen sich dann nicht so leicht beeinflussen und werden weniger Schwierigkeiten haben, mit Problemen aller Art fertigzuwerden.

- **Das Verlassen der Opferrolle**

Lassen Sie sich nicht dazu verleiten, in der Opferrolle zu bleiben. Vielmehr ist es entscheidend, diese Position zu verlassen und zu beginnen, die eigene Verantwortung für das Leben zu erkennen. Dadurch machen Sie sich nicht mehr zum Opfer, bewahren die Kontrolle und sind immer in der Lage, Ihr Leben selbst zu steuern. Wenn Sie diese Kontrolle und die Verantwortung für Ihr Leben abgeben, macht Sie das unruhig und hilflos und hat zur Folge, dass Sie Ihr Leben nicht selbst gestalten. Resiliente und emotional starke Menschen nehmen die Opferrolle nicht ein und erkennen, dass sie ihr Leben steuern und nach ihren eigenen Wünschen gestalten können. Die Kontrolle und Verantwortung liegen bei Ihnen allein, und sobald Ihnen diese Tatsache einmal bewusst ist, fällt es Ihnen zugleich leichter, entsprechend zu handeln. Niemand sollte sich zum Opfer machen oder die Verantwortung für das eigene Leben auf andere abwälzen.

- **Akzeptanz**

Zu diesem Thema haben Sie bereits weiter oben die wichtigsten Details gelesen. Akzeptanz bildet eine weitere Säule der Resilienz, denn sie hilft uns dabei, besser mit Herausforderungen umzugehen. Die Fähigkeit, manche

Dinge als gegeben anzusehen und zu akzeptieren, dass es so ist, wie es nun einmal ist, hilft beim Umgang mit diesen Tatsachen. Von dieser Ausgangslage aus können Sie handeln und wachsen.

- **Lösungsorientierung**

Sie haben bei allen Ereignissen im Leben zwei Möglichkeiten bezüglich Ihrer Einstellung dazu: Sie können Ihren Blick auf die jeweiligen Probleme richten oder die Dinge stets in Bezug auf eine mögliche Lösung betrachten. Es klingt im ersten Moment möglicherweise für Sie nach einem geringen Unterschied, doch in der Praxis ist er gewaltig! Denn lenken Sie Ihren Fokus auf Probleme, wird es Ihnen schwerfallen, diese zu lösen. Sie verzweifeln zudem schneller an diesen, was in jedem Fall eine geringere psychische Widerstandskraft nach sich zieht. Beim Beschäftigen mit möglichen Lösungen hingegen wachsen Sie und beginnen, vermeintliche „Probleme“ als Herausforderungen anzusehen und nicht mehr als etwas, was Sie ständig zurückhält.

Das Beachten der sieben Säulen der Resilienz ist in jedem Fall hilfreich, wenn es darum geht, innerlich widerstandsfähiger zu werden. Alle erwähnten Bereiche lassen sich umfassend trainieren, wenn Sie bereit sind, Änderungen durchzuführen. Für einen umfassenden Aufbau der psychischen Widerstandsfähigkeit sowie für mehr Gelassenheit ist es aber ebenfalls hilfreich, mehr Achtsamkeit im eigenen Alltag einzubauen. Da Achtsamkeit aus einem zufriedenen und entspannten Leben kaum wegzudenken ist, erfahren Sie hier, was es damit auf sich hat und welche Vorteile mit dem Praktizieren von Achtsamkeit einhergehen.

Achtsamkeit: Wundermittel für die mentale Gesundheit

Das Praktizieren von Achtsamkeit bedeutet schlicht und einfach, dass Sie auf den aktuellen Moment achten, ohne diesen zu bewerten. Sie befinden sich vollkommen in der Gegenwart, im Hier und Jetzt, und zwar nicht nur körperlich, sondern genauso in mentaler Hinsicht. Das ist weitaus schwieriger, als Sie jetzt vielleicht annehmen, da die meisten Menschen mental nicht unbedingt im Augenblick zu finden sind. Wenn es Ihnen einmal gelingt, dass Sie gedanklich nicht mehr abschweifen, haben Sie viel gewonnen.

Tatsächlich ist es für uns Menschen in der westlichen Welt meist sehr schwer, Achtsamkeit im Alltag und in uns selbst zu kultivieren, denn unser ganzes System ist auf Zerstreuung ausgelegt. Achtsam kann man nur sein, wenn man sich selbst und die Natur fühlt – das Gegenteil dessen wird aber beispielsweise schon unseren Kindern anerzogen: den Blick nach außen richten, Bewertungen annehmen und vergeben, Glück im Außen suchen, Anpassung und Eingliederung. Welches Kind hört schon regelmäßig von seinen Eltern Sätze wie „Höre immer auf dein Herz, mein Schatz." oder „Was fühlst du gerade?"? Natürlich gibt es

Erwachsene, die Achtsamkeit leben, sie fest in ihren Alltag integrieren und sie dann ebenso ihren Kindern weitergeben können. Doch aktuell sind es in unserer Gesellschaft noch relativ wenige Menschen (glücklicherweise mit steigender Tendenz), die sich fragen, wie sinnvoll ein solches nach außen gerichtetes Leben eigentlich für sie ist.

Macht es uns glücklich, andere für unser Unglück verantwortlich zu machen? Wie stabil ist dieses Glück im Außen – das teure Auto, das große Haus, Ihre Beziehung, Ihre Kleidung, Ihr Arbeitsplatz? Was geschieht, wenn diese Dinge verschwinden würden oder zu Bruch gehen, was bleibt dann übrig? Ist es nicht viel besser, wenn Sie selbst Ihr Glück gestalten? Oder sind Sie gerne von Ihrer Außenwelt, inklusive aller darin vorkommenden Menschen, abhängig? Kennen Sie Gedanken wie „Oh Gott, schon wieder November... Ist ja nicht zu fassen, das Jahr ist schon wieder fast um. Wo ist die Zeit hin?"? Falls ja, können Sie erst einmal beruhigt sein – Sie sind mit diesen Gedanken nicht allein. So oder so ähnlich denken wir aber nur, wenn wir unachtsam, das heißt unaufmerksam und hektisch unsere Tage verbringen und uns keine Zeit für uns selbst nehmen. Wir sollten stattdessen Achtsamkeit praktizieren und mehr Aufmerksamkeit auf das Hier und Jetzt richten.

Natürlich müssen die Kinder versorgt, der Job erledigt, das Projekt fertiggestellt, eingekauft, studiert, geputzt und gekocht werden. Natürlich haben wir alle, egal in welchem Alter wir sind und in welchem sozialen System wir leben, multiple Aufgaben zu erledigen, die nun mal im Außen stattfinden. Das ist völlig in Ordnung, das ist das Leben.

Aber wie viel Zeit verbringen Sie davon mit sich allein? Wie viele Sekunden pro Tag spüren Sie innere Freude, zum Beispiel dann, wenn Ihr Kind Sie anlächelt? Oder wenn Sie eine Wanderung gemacht haben und nun den Sonnenaufgang auf dem Gipfel erleben dürfen? In Relation zu der Zeit, in der Sie funktionieren: Wie oft sind Sie einfach nur im Hier und Jetzt? Ist der Anteil dieser Zeit verschwindend gering? Das lässt sich ändern – recht einfach sogar, wenn Sie die Übungen in diesem Buch für mehr Achtsamkeit in Ihren Alltag einbauen. Doch erst einmal lernen Sie jetzt einige Methoden kennen, mit denen Sie Achtsamkeit erlernen und üben können.

MBSR – *Mindfulness-Based Stress Reduction*

Warum aber sollten Sie das tun: Gewohnheiten umkrempeln, an sich selbst arbeiten, Achtsamkeit üben, scheitern, wieder anfangen, Ihren Geist beobachten – was soll das alles? Der Grund sind ganz unterschiedliche Vorteile, die mit Achtsamkeit und weniger Stress einhergehen und unsere Lebensqualität entscheidend verbessern. Es gibt ganz unterschiedliche Methoden, um Achtsamkeit zu erlernen. Eine davon ist die sogenannte „MBSR“ (*Mindfulness-Based Stress Reduction*), die in den 1970er Jahren von Jon Kabat-Zinn ins Leben gerufen wurde und bis zum heutigen Tag vielfach mittels Studien hinterfragt wurde. Beim MBSR geht es darum, körperliche Schmerzen einfach da sein zu lassen, sich nicht gegen sie zu sträuben, sich nicht in ihnen zu verlieren. Diese Methode, Achtsamkeit zu praktizieren, lässt sich wunderbar mittels Untersuchungen erforschen. Beispielsweise haben dänische Wissenschaftler am Uniklinikum in Aarhus festgestellt, dass sich bei allen Patienten die Lebensqualität verbesserte und sich ihr Schmerzempfinden deutlich reduzierte, nachdem sie über einige Zeit MBSR praktiziert hatten. Auch an der Universität in Jena wurde diese Therapieform untersucht und die Forscher kamen zu dem gleichen Ergebnis: Durch das Erlernen von Distanzierung zu den unangenehmen Schmerzen und das Erlernen von Akzeptanz konnten die Patienten einen besseren Umgang mit der jeweiligen Krankheit finden und empfanden ihr Leben als erfüllender.

Meditation

Unterschiedlichste Meditationsformen werden ebenfalls vermehrt von der modernen Wissenschaft untersucht. So wurde beispielsweise an der Universität Gießen mittels MRT (Magnetresonanztomographie) belegt, dass Menschen, die einer regelmäßigen Meditationspraxis nachgehen, einen größeren Hippocampus haben als Menschen, denen Meditations- und Achtsamkeitsübungen fremd sind. Der Hippocampus speichert Erinnerungen und kann übrigens ebenso schrumpfen, was unter anderem bei Demenzpatienten häufig der Fall ist.

Die Gießener Neurobiologen stellten zudem fest, dass die grauen Zellen im orbifrontalen Kortex der Untersuchten in größerer Anzahl vorhanden waren, was bedeutet, dass sie im Gegensatz zu den Meditationsabstinenzlern besser dazu in der Lage sind, ihre Gefühle zu steuern und ihre Reaktionen zu regulieren. Sogar unser Blutbild verändert sich, wenn wir meditieren und so Achtsamkeit kultivieren. Forscher der Hochschule Coburg fanden heraus, dass Achtsamkeitsmeditationen den Hormonspiegel im Blut positiv veränderten und somit Stress bei den Probanden reduzierten.

Erstaunliche Folgen für Körper, Geist und Seele

Achtsamkeitsübungen, Meditation und damit einhergehend eine innere Gelassenheit helfen uns dabei, gesund zu bleiben und unser Leben zu genießen – und zwar nicht nur dann, wenn die Sonne scheint. Gerade in Lebenslagen, die schmerzhaft sind oder große Unsicherheit bringende Veränderungen beinhalten, geht es uns besser, wenn wir in uns einen Anker haben, der uns dabei hilft, nicht von den Wellen des Lebens hin und her gerissen zu werden.

Achtsamkeit ist der Schlüssel zu Ruhe, Entspannung, Glück und Kraft und hilft sogar unserem Gehirn bei der Gesunderhaltung seiner Zellen. Grund genug, immer öfter im Hier und Jetzt zu sein und diese Grundhaltung in sich zu kultivieren. Es handelt sich hierbei um eine Möglichkeit, um Stress in allen Lebensbereichen zu reduzieren. Achtsamkeit hilft uns letztendlich im Berufs- ebenso wie im Privatleben weiter.

Folgende gesundheitliche Vorteile bringt Achtsamkeit mit sich:

- reduziert Stress
- verbessert die Gedächtnisleistung, Konzentration und Leistungsfähigkeit
- fördert Gelassenheit
- hilft Ihnen, Ihre Gedanken loszulassen, und verhindert, dass Sie durch zu viel Nachdenken und Überdenken von Dingen das Handeln verpassen
- fördert Ihre kognitive Beweglichkeit und Kreativität
- schafft glücklichere Beziehungen

- reduziert Ängste
- verbessert die Schlafqualität
- fördert die mentale Gesundheit
- wirkt schmerzlindernd

Achtsamkeit wirkt sich somit unmittelbar auf die Gelassenheit und innere Ruhe aus, die wir erleben wollen. Achtsamkeit lässt sich durch Übungen, über die Sie in diesem Buch noch mehr erfahren, trainieren, zum Beispiel durch Meditationen genau wie spezielles Achtsamkeitstraining. Ein achtsamer, entspannter Alltag sowie das Trainieren von Resilienz helfen Ihnen dabei, insgesamt deutlich gesünder und wesentlich zufriedener zu sein, was schließlich ebenfalls eine große Rolle im Alltag spielt, wenn es um das eigene Wohlbefinden geht.

Harmonie schaffen: ein ausgeglichener und harmonischer Alltag

Harmonie im Alltag beruhigt uns und macht uns gelassener und insgesamt zufriedener. Damit ist jetzt keinesfalls gemeint, dass Sie in Zukunft mit einem Schild durch die Gegend laufen müssen, auf dem Sie die Bedeutung von Liebe und Frieden predigen. Hier geht es vor allem um mehr Harmonie im Alltag, wodurch Sie weniger Stress haben und sich insgesamt besser fühlen. Harmonie beginnt bei und in Ihnen selbst. Sie können das ruhigste, ausgeglichenste und schönste Umfeld überhaupt haben, doch wenn Sie von sich aus Unruhe verbreiten, wird das trotzdem nicht viel helfen. Vielmehr gilt hier, wie bei allen anderen angesprochenen Themen ebenfalls, dass Sie zuerst bei sich selbst anfangen müssen und die so entstandene Ruhe und Harmonie im Anschluss ausstrahlen. Allerdings: Ein gelassener, harmonischer und friedlicher Mensch leidet, wenn die Umgebung nicht zu ihm passt und beispielsweise ständig Unruhe und Streit vorherrschen. Deshalb ist es so wichtig, auf die Umgebung zu achten und hier für möglichst viel Harmonie zu sorgen.

Es gibt verschiedene Dinge, die Sie machen können, wenn es darum geht, Harmonie in Ihrem Leben zu erschaffen. Sie können bei Ihrem Alltag beginnen und damit anfangen, für weniger Stress im Allgemeinen und für mehr Auszeiten zu sorgen. Harmonie entsteht aber genauso, wenn Ihre Lebenseinstellung die passende ist: Sie können sich über andere Menschen ärgern, können es aber genauso gut lassen und versuchen, friedlich zu bleiben. Da vor allem in stressigen Zeiten und zum Beispiel in ärgerlichen Momenten die Harmonie sehr stark leidet und kaum aufrechtzuerhalten ist, finden Sie nachfolgend einige Grundregeln, mit denen Sie zu einem Leben in Harmonie und Frieden kommen:

1. Auf das Umfeld achten

Wie zuvor bereits angeschnitten, ist Ihr Umfeld durchaus entscheidend, wenn es um ein friedliches, harmonisches Leben geht. Achten Sie auf Ihr Umfeld, also auf die darin vorhandenen Menschen sowie auf die Stimmung und auf die Emotionen, denen Sie täglich ausgesetzt sind. In einem positiven Umfeld stehen Frieden und Harmonie nichts mehr im Wege. In einem ungesunden, regelrecht toxischen Umfeld hingegen ist ein entspanntes Leben kaum möglich. Falls in Ihrem Umfeld ein gelasseneres Leben nicht möglich ist, weil Sie von anderen Menschen stets negative Energie, Wut und Ablehnung entgegengeschleudert bekommen, sollten Sie Ihr Umfeld wechseln. Machen Sie neue Erfahrungen, lernen Sie beispielsweise über Ihre Hobbys und Interessen andere Menschen kennen und bewegen Sie sich damit schrittweise in Richtung eines Umfelds, das Ihnen guttut.

2. Jeder Mensch verfolgt im Grunde eine positive Absicht

Dieser zweite Punkt ist interessant: Können Sie diese Aussage glauben? Viele von uns tun sich damit schwer. Dennoch gilt: Jeder Mensch, von psychisch kranken Menschen einmal abgesehen, hat eine gute Absicht, wenn er handelt. Das bedeutet, dass alle Menschen aus einer positiven Intention heraus handeln, selbst wenn es aus Ihrer Sicht völlig falsch, verrückt oder schlecht ist, was sie tun. Falls Sie sich darüber ärgern, dass eine gute Freundin in der Beziehung mit ihrem nutzlosen und notorisch fremdgehenden Freund bleibt, obwohl Sie selbst es besser wissen: Lassen Sie es bleiben. Diese Freundin denkt (oder hofft zumindest), dass sie richtig handelt. Vielleicht gibt es in dieser Beziehung ebenfalls viele positive Aspekte, die Sie nicht kennen oder verstehen. Vielleicht ist die Einstellung Ihrer Freundin zum Leben einfach eine andere als Ihre eigene. Versuchen Sie, sich nicht mehr darüber aufzuregen, damit innerlich abzuschließen und die Wut oder das Unverständnis aus solchen Situationen herauszunehmen. Dies kostet ein wenig Zeit und Mühe, die sich jedoch ganz klar lohnen, da es Sie gelassener macht und Harmonie in Ihr Leben bringt, wenn Sie andere Menschen leben lassen und wenn Sie aufhören, sich beispielsweise über das furchtbare Verhalten Ihrer Tante oder Ihrer Schwiegermutter aufzuregen. Ihre Wut und Ihr Ärger ändern nichts an der Situation. Dadurch bewirken Sie nur, dass Ihre innere Ruhe verschwindet.

3. Streit und Probleme angehen

Sie können sich durch Streit und Probleme mit anderen Menschen schlecht fühlen und möchten eventuell den Kopf in den Sand stecken und diese Menschen dann ignorieren oder sogar aufgeben. Falls Sie jedoch nach einer besseren, friedlichen Lösung suchen, die Ihnen langfristig hilft, dann ist es besser, solche Konflikte direkt anzugehen. Suchen Sie dabei nicht noch mehr Streit, sondern versuchen Sie, auf die jeweiligen Menschen zuzugehen und die Probleme gemeinsam zu lösen. Wenn die anderen Personen sich aber absolut nicht auf eine friedliche Lösung einlassen wollen, hilft nur noch die aktive Veränderung Ihres Umfelds. Denn leider ist es nun mal so, dass nicht alle Menschen sich wünschen, dass ein Streit beigelegt oder ein Konflikt gelöst wird.

4. Negative Gefühle und Probleme angehen

Dieser Punkt knüpft direkt an den vorherigen an: Es macht keinen Sinn, einfach alle negativen Gefühle und Probleme zu ignorieren. Natürlich fühlt es sich nicht gut an, diese Gefühle zu spüren, doch Verdrängen oder Ignorieren funktionieren auf Dauer nicht besonders gut. Jedenfalls ist das im Normalfall so – vermeiden Sie daher besser das Ignorieren negativer Gefühle. Überlegen Sie stattdessen, woher diese Gefühle kommen, was Sie gegen sie unternehmen können und wie sich das dahinterliegende Problem lösen lässt. Lösungen gibt es ganz sicher, auch solche, die langfristig für mehr Harmonie sorgen.

5. Für das kämpfen, worauf es wirklich ankommt

Ein Leben in Harmonie bedeutet nicht, dass Sie jedem Streit aus dem Weg gehen und nie für das kämpfen sollten, worauf es Ihnen ankommt. Nehmen wir einmal an, Sie haben Probleme mit Ihren Kindern oder mit Ihrem Partner, bei denen es Ihnen sehr wichtig ist, dass Absprachen eingehalten werden. In diesem Fall sollten Sie dafür kämpfen, dass dies besser funktioniert und Sie zukünftig ein besseres Zusammenleben erwarten können. Es geht bei einem gelasseneren, harmonischen Leben vielmehr darum, dass Sie sich schon im Vorfeld sehr genau überlegen, welche Kämpfe Sie wirklich austragen möchten: Bei einigen lohnt es sich und bei anderen eher nicht.

Harmonie im Alltag wird unterstützt, wenn Sie für mehr Ausgleich in Ihrem Leben sorgen. Stellen Sie eine Balance zwischen Beruf, Alltag und Ihrer Freizeit her. Vergessen Sie dabei nicht, dass Sie Ruhe brauchen, um ausgeglichener leben zu können und um die Harmonie in Ihrem Leben nicht durch Ihre persönliche Unruhe zu stören. Dadurch fällt es Ihnen in jedem Fall leichter, den Weg zu mehr Achtsamkeit und Gelassenheit zu finden.

Im Anschluss erfahren Sie, wie Selbstfürsorge und Gelassenheit im Alltag zusammenhängen und was Sie unternehmen können, um Ihre eigenen Bedürfnisse besser zu erfüllen und sich gut um sich selbst zu kümmern.

Eigene Bedürfnisse erkennen und erfüllen: Gelassenheit durch Selbstfürsorge

Jeder Mensch hat Bedürfnisse, die er sich erfüllen sollte, damit das allgemeine Wohlbefinden nicht leidet. Allerdings vergessen wir im anstrengenden Alltag häufig, uns um diese Bedürfnisse zu kümmern, und verlieren diese aus den Augen. Das Thema „Selbstfürsorge“ ist deshalb von so großer Bedeutung, da es zur eigenen Gelassenheit beiträgt, wenn man sich um seine Bedürfnisse kümmert. Es geht nicht darum, egoistisch zu sein. Vielmehr ist es unerlässlich, dass man die Bedürfnisse anderer Menschen nicht vor seine eigenen stellt und dadurch die eigenen Bedürfnisse völlig ignoriert werden.

Selbstfürsorge hilft Ihnen in jedem Fall dabei, gelassener zu werden, sich selbst mehr zu schätzen, die eigenen Bedürfnisse zu beachten und mehr Kraft und innere Widerstandsfähigkeit zu gewinnen. All das gelingt Ihnen, wenn Sie die aktive Selbstfürsorge in Ihrem Alltag beherzigen und sich selbst nicht als letzte Priorität in Ihrem Leben betrachten. Machen Sie sich bewusst, dass Sie nur dann Kraft für die Erfüllung der Bedürfnisse Ihrer

Mitmenschen und Angehörigen haben, wenn Sie sich im ersten Schritt um sich selbst kümmern. Ansonsten sind Sie irgendwann regelrecht ausgezehrt und haben gar keine Kraft mehr, wenn Sie sich keine Auszeiten und schönen Momente für sich gönnen. Bemühen Sie sich daher, ab jetzt freie Zeit in Ihren Alltag einzubauen und dem Thema „Selbstfürsorge" genug Bedeutung beizumessen.

Überlegen Sie einmal für sich, was Ihnen dabei hilft zu entspannen. Welche Tätigkeiten helfen Ihnen dabei, ruhiger und gelassener zu werden? Was tut Ihnen gut? Schreiben Sie sich einige dieser Tätigkeiten auf und überlegen Sie, wann Sie das letzte Mal etwas nur für sich und für Ihr Wohlbefinden getan haben. Achten Sie darauf, dass Sie sogar an recht anstrengenden Tagen immer die eine oder andere Minute nur für sich und Ihre Bedürfnisse haben. Dadurch sind Sie entspannter, haben mehr Kraft für den Alltag sowie für anstehende Herausforderungen und können sich überhaupt erst wirklich auf die Bedürfnisse anderer Menschen einlassen. Was genau Ihnen guttut, woraus Sie Kraft schöpfen und welche Art von Auszeiten Sie innerlich beruhigen, ist dabei individuell ganz unterschiedlich.

Hier finden Sie einige Beispiele für Tätigkeiten, die im Rahmen der Selbstfürsorge für Sie in Frage kommen könnten:

- Sport (Wandern, Joggen, Radfahren, Yoga, Tanzen etc.)
- Massage
- Wellness
- Lesen
- Spaziergang

- Sonnenbad
- Zeit mit einem Haustier
- Backen oder Kochen
- Malen, Zeichnen, Handwerken oder Basteln

Denken Sie daran, dass es ganz individuell ist, was uns guttut und welche Tätigkeiten in unseren Bereich der Selbstfürsorge fallen. Es gibt hier definitiv kein Richtig oder Falsch, es geht lediglich darum, dass Sie sich für mehr Gelassenheit und Achtsamkeit in Ihrem Leben daran orientieren, was Ihr Wohlbefinden steigert. Das können nur Sie allein entscheiden – Hauptsache, Sie machen Ihre eigenen Bedürfnisse zur Priorität in Ihrem Leben. Letztendlich kommt es genau darauf an, da es nur einen Menschen gibt, der sich wirklich um Ihr seelisches und körperliches Wohlbefinden sorgt und dieses sichern kann, und dieser Mensch sind Sie! Hören Sie auf, sich ständig zu vernachlässigen und ohne Auszeiten sowie unter ständigem Druck durchs Leben zu gehen. Je mehr Sie für sich tun, je öfter Sie sich Auszeiten gönnen und je stärker Sie auf Ihre Einstellung achten, desto besser können Sie im Anschluss mit Stress und Herausforderungen aller Art umgehen. Sowohl für den Alltag als auch für die Arbeit und für Ihre Beziehungen ist es enorm bedeutsam, dass Sie sich um das Thema „Selbstfürsorge“ bemühen und regelmäßige Auszeiten einplanen. Sie werden schon bald merken, wie Sie dadurch ruhiger, entspannter und stressresistenter werden.

Ergänzt werden die zuvor genannten Maßnahmen für mehr Gelassenheit und Achtsamkeit nun durch 17 Übungen, mit denen Sie auf den folgenden Seiten die pure Gelassenheit für sich entdecken.

17 sofort umsetzbare Übungen für mehr Gelassenheit im Alltag

Mehr Gelassenheit in Ihren Alltag zu bringen, ist durch die entsprechende innere Einstellung, durch mehr Resilienz und durch den richtigen Umgang mit Stress in jedem Fall möglich. Außerdem lässt sich Gelassenheit hervorragend trainieren, sodass Sie Schritt für Schritt entspannter durch Ihren Alltag gehen können. Nachfolgend finden Sie ganze 17 sofort umsetzbare Übungen, die Ihnen zu mehr Gelassenheit verhelfen. Im Idealfall bauen Sie die Übungen täglich oder zumindest einige von Ihnen sehr regelmäßig in Ihren Tagesablauf ein, um schon bald eine Besserung Ihres Allgemeinzustandes zu erreichen.

#1 Der achtsame Tagesbeginn

Wie wachen Sie morgens auf? Nicht wenige Menschen schlagen morgens um sechs Uhr nach ihrem Wecker und fluchen erst einmal, wenn ein neuer Tag vor ihnen liegt. Das ist natürlich ziemlich kontraproduktiv, wenn es um positive Gefühle und um einen schönen Tagesbeginn geht.

Üben Sie nach dem Aufwachen, zunächst Ihren Herzschlag und/oder Ihren Atem bewusst wahrzunehmen. Das geht auch mit geschlossenen Augen und in müdem bis sehr müdem Zustand, ist also ein angenehmer achtsamer Start in den Tag. Atmen Sie dabei langsam und achtsam zehn Mal ein und aus und konzentrieren Sie sich einzig auf Ihr Körpergefühl. Wenn Sie möchten, können Sie sich jetzt mit geschlossenen Augen eine Intention für den anbrechenden Tag setzen, indem Sie an ein bestimmtes Wort (zum Beispiel „Frieden", „Liebe" oder „Achtsamkeit") denken oder eine positive Affirmation verwenden (beispielsweise „Heute bin ich dankbar für mein Leben." oder „Liebe besteht in mir und um mich herum."). Außerdem gilt bei dieser Übung, dass alles, was Sie denken, für Sie persönlich stimmig sein sollte und sich richtig anfühlen muss. Versuchen Sie nicht, sich etwas einzureden, was Sie in Wahrheit ablehnen.

Mit dieser kleinen Übung starten Sie in nur 60 Sekunden achtsam und voller positiver Gedanken und Gefühle in den neuen Tag. Achten Sie darauf, dass Sie diese Übung möglichst täglich durchführen, bis es für Sie zu einer Gewohnheit wird, achtsam in den Tag zu starten. Sie werden merken, dass Sie auf diese Weise ruhiger, entspannter und fröhlicher gestimmt sind als zuvor, als Sie bereits morgens früh negative Gedanken hatten.

#2 Die achtsame Morgenroutine

Nehmen wir einmal an, dass Sie, wie die meisten Menschen, nach dem Aufwachen als Erstes in Ihr Badezimmer gehen. Sogar der Gang zur Toilette, das Zähneputzen, das Duschen, das Zurechtmachen, das Auswählen der Kleidung – alles gehört zu einer klassischen morgendlichen Routine, die

Sie achtsam gestalten können. Wie schmeckt die Zahnpasta in Ihrem Mund? Wie fühlt sich das warme Wasser auf Ihrer Haut an und was macht die Dusche mit Ihrem (noch müden) Körper? Welche Gedanken gehen Ihnen dabei durch den Kopf, die vielleicht absolut nichts mit der gerade ausgeführten Tätigkeit zu tun haben? Winken Sie diese Gedanken freundlich durch und kommen Sie zurück ins Jetzt: Wie fühlt sich das neue T-Shirt auf Ihrer Haut an? Tut Ihnen heute Morgen etwas weh? Wenn ja, wo ziept es, wo haben Sie Schmerzen und was könnte die Botschaft Ihres Körpers an Sie sein? Lernen Sie, auf Ihren Körper zu hören, diesen bewusst wahrzunehmen und ihn nicht zu ignorieren, wie es so häufig von vielen Menschen gemacht wird. Wenn Sie ein Fenster im Bad haben: Welche Geräusche des Morgens dringen zu Ihnen, sobald Sie es öffnen? Wie empfinden Sie die frische Luft, die in den Raum eindringt?

Jede Morgenroutine lässt sich achtsam gestalten und bietet die Möglichkeit für einen optimalen Start in den Tag. Lernen Sie, sich morgens auf sich und Ihre Bedürfnisse, Ihren Körper und Ihre Tätigkeiten zu konzentrieren. Dabei können Sie alle Tätigkeiten vom Waschen bis hin zum Bürsten der Haare in diese achtsame Morgenroutine einbauen. Sie werden schon nach wenigen Tagen spüren, wie Sie insgesamt achtsamer und gelassener werden und wie sich Ihr Blick auf die einzelnen Tätigkeiten verändert.

#3 Die Meditation

In diesem Buch stellen wir die Meditation an den Tagesbeginn. Sie können aber zu jeder beliebigen Tageszeit einige Minuten meditieren, und natürlich auch zwischendurch, wenn Sie mal zusätzliche Momente der Meditation benötigen. Morgens ist der Geist noch angenehm leer und vielleicht auch noch etwas müde, weswegen sich diese Tageszeit für viele Menschen anbietet. Als Meditationsanfänger können Sie einfach nur auf Ihren Atem achten und, wenn Sie möchten, bei jedem Atemzug eine Affirmation nutzen. Ganz besonders wirkungsvoll ist die Metta-Meditation, bei der Sie die folgenden fünf Sätze jeweils drei Mal im Atemrhythmus wiederholen:

„Möge ich glücklich sein."
„Möge ich friedvoll sein."
„Möge ich geborgen sein."
„Möge ich gesund sein."
„Möge ich sicher sein."

Sie können diese Sätze ebenso auf andere Menschen anwenden und beispielsweise den Namen Ihres Kindes oder Partners einsetzen („Möge Paula glücklich sein."...). In diesem Fall vergehen natürlich mehr als fünf Minuten für die gesamte Meditation, doch wenn es sich für Sie gut anfühlt und Sie geistig dabeibleiben können, können Sie die Metta-Meditation gerne für Ihre Mitmenschen durchführen. Sie können die Metta-Meditation nutzen, sich aber je nach Wunsch und Bedürfnis genauso gut für fünf Minuten auf Ihren Atem konzentrieren. Versuchen Sie dabei, nicht näher auf Ihre Gedanken einzugehen und Ihren Fokus einzig auf Ihren Atem zu richten. Gerade am Morgen bereiten Sie sich damit optimal auf den Tag vor und können die Meditation in Ihre achtsame Morgenroutine einbauen.

Ein kleiner Hinweis: Insbesondere für Anfänger der Meditationspraxis ist es essenziell, dass sie dabei ungestört sind. Schließen Sie die Türe und schalten Sie das Handy aus oder gehen Sie in den Wald zu einem ruhigen Platz, um für fünf oder mehr Minuten meditieren zu können. Und beachten Sie bitte: Eine Meditation ist nicht umso wirkungsvoller, je länger Sie diese durchführen. Wenn Sie sich zwingen, 30 Minuten zu meditieren, 28 Minuten davon aber nur Chaos im Kopf haben, kasteien Sie sich unnötig und erzeugen nichts, außer vielleicht einer großen Portion Frust. Meditation ist dann am wirkungsvollsten, wenn Sie wirklich im Hier und Jetzt sind.

Schaffen Sie zu Beginn eben nur zwei Minuten „echter" Meditation am Tag, ist das schon hervorragend! Es geht also nicht um die Länge der Meditation („Ich meditiere täglich 60 Minuten!"), sondern darum, was sich in Ihrem Geist abspielt und wie Sie damit umgehen.

#4 Die achtsame Ernährung

Das Thema „Ernährung" lässt sich ebenfalls ausgezeichnet mit Achtsamkeit verbinden, gerade weil wir heutzutage oft dazu neigen, schnell oder ganz nebenbei zu essen. Wir nehmen Mahlzeiten sowie Snacks im Gehen oder Stehen ein, arbeiten vielleicht nebenbei und haben zwischen Social Media, den Nachrichten und vielen anderen Ablenkungen gar nicht die Muße, uns richtig auf die Mahlzeiten zu konzentrieren.

Ob Sie vor Arbeits-, Uni- oder Schulbeginn frühstücken oder nicht, ist eine individuelle Entscheidung, die jeder Mensch selbst treffen muss. Das ist unwesentlich für diese Übung. Wenn Sie erst mittags essen, geht es genau wie beim Frühstück darum, wie achtsam Sie die Nahrungsaufnahme praktizieren. Sie können eilig essen und sich bei der

Aufnahme der Nahrung an Effektivität orientieren oder Sie üben, ab sofort langsam zu essen und genau darauf zu achten, was Sie Ihrem Körper zuführen. Nahrung ist nicht nur überlebenswichtig, sondern ein Kernelement eines glücklichen Lebens. Versuchen Sie, sich beim Essen nicht von Medien oder Gesprächen mit den Kollegen ablenken zu lassen, sondern jeden Bissen bewusst zu schmecken und Ihr Gericht mit allen Sinnen zu genießen. Kauen Sie langsam und so lange, bis alles gründlich zerkleinert ist. Betrachten Sie Ihr Essen gründlich: Welche Farben liegen da auf Ihrem Teller? Können Sie herausriechen, welche Komponenten Ihr Gericht hat? Welche Gewürze sind zu riechen, zu erkennen und zu schmecken? Ist Ihre Mahlzeit gesund? Ist sie süß oder herzhaft? Mögen Sie diese Mahlzeit oder würden Sie sich ein anderes Gericht wünschen?

Es fällt uns schwer zu essen, wenn wir im gleichen Augenblick Konflikte austragen müssen oder um uns herum ein großes Gewusel herrscht. Deshalb macht es Sinn, bei Ihren Mahlzeiten dafür zu sorgen, dass Sie Ruhe haben und ausschließlich positive Impulse von außen kommen. Ein nettes Gespräch mit der Familie oder mit Kollegen ist dann genau das Richtige. Oder Sie essen, falls es Ihnen möglich ist, allein und konzentrieren sich so gut wie nur möglich auf Ihre Nahrung. Sie werden dadurch zum einen weniger Essen benötigen, bis Sie satt und zufrieden sind. Zum anderen wird Ihnen bewusster, welche Gerichte Ihnen wirklich guttun, welche Nahrungsmittel zu einem schlechten Gefühl führen und wann Sie gerne welches Gericht hätten. Achtsamkeit beim Essen führt zu mehr Gelassenheit im Alltag und bietet zahlreiche Vorteile für Ihre Gesundheit. Sie essen dann, was Ihnen guttut, die richtige Menge zur richtigen Zeit, und lernen, alle Aromen herauszuschmecken. Experimentieren Sie gerne herum und genießen Sie Ihr Essen mit allen Sinnen.

Natürlich kostet Achtsamkeit beim Essen ein wenig Zeit und Konzentration, die im Alltag vielleicht nicht immer vorhanden sind. Versuchen Sie dennoch, sich so oft wie möglich die Zeit zu nehmen, um Ihre Mahlzeit zu genießen und bewusst wahrzunehmen. Sie werden merken, dass dadurch ein unangenehmes Völlegefühl sowie grundsätzlich negative Gefühle nach der Mahlzeit ausbleiben, was in jedem Fall einen großen Vorteil darstellt und sich entsprechend auf Ihr Wohlbefinden auswirkt.

#5 Achtsames Einkaufen

Nicht nur das Essen lässt sich wunderbar für das Praktizieren von Achtsamkeit nutzen, genauso gilt dies für die Nahrungsbeschaffung, also für das Einkaufen. Überlegen Sie sich einmal, wo Sie Ihre Lebensmittel einkaufen, nach welchen Kriterien Sie vorgehen und welche Lebensmittel in Ihrem Einkaufswagen landen. Wählen Sie eher Fertiggerichte mit viel Fett und Zucker oder greifen Sie zu gesunden Lebensmitteln? Die Entscheidung für oder gegen einzelne Lebensmittel im Geschäft ist letztendlich für Ihre Gesundheit genau wie für die Erfahrung beim Essen von großer Bedeutung. Die achtsame Ernährung beginnt daher ganz klar beim achtsamen Einkaufen.

Egal, wo Sie einkaufen: Gehen Sie langsam an den verschiedenen Angeboten vorbei und hinterfragen Sie bei jedem Produkt, das Sie kaufen möchten, Ihre Entscheidung. Ist es Ihnen beispielsweise besonders wichtig, gesund zu essen, fragen Sie sich, ob die gewählten

Lebensmittel zu dieser Grundidee passen. Möchten Sie hingegen mit dem Zubereiten schnell fertig sein, sollten Sie Ihre Kaufentscheidung auf diese Zweckmäßigkeit hin überprüfen. Dadurch treffen Sie bessere Entscheidungen beim Einkaufen und vermeiden Spontankäufe, die letztendlich ohnehin nicht besonders glücklich und zufrieden machen.

Nicht nur die Produktauswahl an sich ist bei dieser Tätigkeit interessant und lässt sich als Teil eines achtsamen Lebens gestalten. Was können Sie im Geschäft Ihrer Wahl neben den Angeboten noch wahrnehmen? Wie riecht es hier und welche Farben sind dominierend? Wie hoch oder niedrig ist die Raumtemperatur? Wie geht es Ihnen während des Einkaufens? Nicht nur beim Einkauf von Lebensmitteln lassen sich diese Techniken des „achtsamen Einkaufens" nutzen. Auch in allen anderen Einkaufssituationen, ob es sich nun um ein Kleidungsgeschäft, einen Baumarkt oder ein Möbelhaus handelt, können Sie so vorgehen. Gehen Sie langsam durchs Geschäft, achten Sie auf die Umgebung, auf Ihr Wohlbefinden und auf etwaige Gerüche, Farben und sämtliche weitere Eindrücke. Falls Sie sich an einem Ort unwohl fühlen, lohnt es sich, nach anderen Geschäften zu suchen. Sie werden mit der Zeit spüren, wie gut Ihnen eine solche Art des Einkaufens tut und wie viel besser Sie sich fühlen, wenn Sie bewusster und achtsamer einkaufen gehen.

Egal, was Sie konsumieren, hinterfragen Sie den Einkauf kurz, bevor Sie damit an die Kasse gehen. Warum kaufen Sie diese Produkte? Sind diese Produkte Ihnen wirklich nützlich oder kaufen Sie in der Hoffnung auf die Befriedigung eines emotionalen Bedürfnisses? Was verbinden Sie mit dem eingekauften Produkt? Und schlussendlich: Bringt Sie der Kauf in finanzielle Schwierigkeiten? Bei größeren Anschaffungen kann es schnell passieren, dass Sie danach sparen müssen. Hier sollten Sie genau überlegen, ob es das Produkt wert ist, ob Sie es wirklich brauchen oder ob Sie noch warten können. Sie könnten schließlich genauso gut Ersparnisse anlegen, bevor Sie das Produkt kaufen, um weniger finanziellen Druck zu spüren. Machen Sie sich bewusst, dass finanzielle Engpässe und entsprechende Sorgen oder gar Schulden Stress auslösen, der in jedem Fall negativ für Sie ist. Daher hilft es, schon beim Einkaufen genau abzuwägen und mögliche finanzielle Sorgen so früh wie möglich zu unterbinden.

Achtsamkeit beim Einkaufen ist genau wie ein bewusstes Zelebrieren jeder Mahlzeit etwas, was vielen Menschen in unserer Gesellschaft abhandengekommen ist. Dabei handelt es sich um einfache alltägliche Praktiken, die jeder Mensch in sein Leben integrieren kann. Wenn Sie sich auf diese Erfahrung einlassen, werden Sie schon bald Verbesserungen bezüglich Ihres Lebensgefühls bemerken.

#6 Achtsames Arbeiten

Es ist sehr unterschiedlich, wie zufrieden und glücklich Menschen sich in ihren individuellen Arbeitsverhältnissen fühlen. Beim achtsamen Arbeiten ist es zunächst unerheblich, ob Sie gerne dort arbeiten, ob Sie Ihren Arbeitsplatz oder generell Ihren Beruf mögen oder nicht. Achtsames Arbeiten bedeutet, sich jeweils ganz auf die entsprechende Tätigkeit einzulassen. Das geht recht einfach, wenn Sie zufrieden mit Ihrer Arbeit sind, das funktioniert aber ebenfalls, wenn Sie Ihre Arbeit eher ungern ausführen. Egal, ob Sie am PC sitzen und mit Kunden telefonieren oder ob Sie an einem Fließband stehen und routiniert nach Schema F vorgehen: Seien Sie voll da und versuchen Sie, sich vollkommen auf die jeweilige Tätigkeit einzulassen.

Zugegeben, leicht ist es oft nicht, sich auf achtsames Arbeiten einzulassen. Das gilt ganz besonders für unangenehme Aufgaben. Dennoch hilft es, sich auf die Tätigkeit einzulassen, voll da zu sein und sich nicht gedanklich in anderen Sphären zu bewegen. Falls es für Sie nicht möglich ist, sich ganz auf Ihre aktuelle Tätigkeit einzulassen, ist der Gedanke an einen neuen Arbeitsplatz vielleicht nicht der schlechteste.

Überprüfen Sie in Bezug auf Ihre Tätigkeit die folgenden Punkte: Wie riecht es an Ihrem Arbeitsplatz? Welche Ausstrahlung hat der Raum? Wie fühlen Sie sich bei der Arbeit? Wie sehr muss Ihr Körper mitarbeiten? Welche Muskeln sind bei der jeweiligen Tätigkeit aktiv? Sehnen Sie sich permanent nach der nächsten Pause? Wo sind Ihre Gedanken beim Arbeiten? Gerade zu Beginn mag sich Achtsamkeit am Arbeitsplatz eigenartig anfühlen. Sie hilft Ihnen jedoch dabei, in der Gegenwart zu bleiben, achtsam zu leben und für sich herauszufinden, ob Sie eine zu Ihnen passende Tätigkeit ausführen.

#7 Achtsam unterwegs sein

Täglich fahren oder gehen wir von A nach B, dann nach C und schließlich landen wir bei D. Oft merken wir davon exakt gar nichts, weil sich unser Auto fast schon autonom fortbewegt und wir die Strecke schon so viele Male hinter uns gebracht haben. Egal, womit wir uns fortbewegen, immer ist die (achtsamkeitsfeindliche) Ablenkung mit von der Partie: Das Radio läuft im Auto, die Musik dringt in der U-Bahn aus unseren Kopfhörern und das Smartphone ist sowieso allgegenwärtig. Fortbewegung ist für uns meist ein Mittel zum Zweck, aber keineswegs eine Tätigkeit, die unsere Aufmerksamkeit verdient. Das ist allerdings schade und es macht Sinn, sich hier um eine Änderung zu bemühen.

Üben Sie, künftig anders zu handeln. Treten Sie den Weg zur Arbeit, zu Freunden oder in den Feierabend ganz bewusst an, ohne sich Musik oder einen Podcast anzuhören. Atmen Sie bewusst ein und aus, bevor Sie losfahren, und wiederholen Sie diese Übung ebenfalls beim Ankommen. Halten Sie Ihre Augen offen und nehmen Sie bewusst wahr, was um Sie herum geschieht: Sind Sie allein oder sind da viele andere Menschen? Wie lange dauert die Fahrt? Welche Geräusche nehmen Sie wahr? Welche Farben begegnen Ihnen? Wie ist das Wetter? Mit welcher inneren Haltung sind Sie hier? Lehnen Sie es ab, U-Bahn zu fahren? Nervt es Sie, dass das Auto kaputt ist und Sie das Rad nehmen müssen? Achten Sie auf all diese Dinge und finden Sie heraus, wie sich Ihre Art der Fortbewegung auf Sie und auf Ihren Allgemeinzustand auswirkt. Diese Übung lässt sich wunderbar bei allen Arten der Fortbewegung einsetzen.

#8 Ein Blick auf die Freizeit

Wir verbringen viel Zeit auf der Arbeit, keine Frage. Doch es gibt noch mehr als das! Denken Sie einmal darüber nach, wie Sie am liebsten Ihre Freizeit verbringen und welche Aktivitäten Ihnen besonders viel Freude bereiten. Es gibt die Aktiveren unter uns und diejenigen, die am liebsten die Seele baumeln lassen und den Abend auf der Couch verbringen. Welchen Hobbys gehen Sie nach und wie häufig finden diese Platz in Ihrem Alltag? Hierbei ist die Überlegung wichtig, ob Ihre Hobbys und die Tätigkeiten in Ihrer Freizeit dafür sorgen, dass zwischen Ihren Verpflichtungen und Ihrer Freizeit die richtige Balance geschaffen wird. Einen solchen Ausgleich benötigen Sie, um sich nicht völlig gestresst zu fühlen und um zwischendurch abschalten zu können.

Egal, bei welcher Tätigkeit, die in der freien Zeit von Ihnen ausgeübt wird, eines ist besonders entscheidend: Praktizieren Sie Ihre Freizeitgestaltung achtsam. Sie können an einem Dienstagabend ohne Hintergrundmusik kochen oder am Wochenende bewusst schweigend einen Berg bezwingen und still am Gipfel ankommen. Wenn Sie joggen gehen, dann lassen Sie Ihren iPod ruhig einmal zu Hause und achten Sie auf die Landschaft und die Menschen um sich herum. Sind Sie am liebsten im Garten und buddeln mit Vergnügen Gemüse und Blumen ein und aus, dann lassen Sie sich dabei nicht ablenken, sondern tauchen Sie in den Augenblick ein. Achten Sie auf das Wetter, die Temperatur, etwaige Gerüche und auf die Sonne und den Wind, die Ihre Haut berühren.

Konsumieren Sie in Ihrer Freizeit Medien, dann gehen Sie dabei ebenfalls unbedingt achtsam vor. Achten Sie auf die Themen, die Ihnen dabei begegnen, und auf die Wirkung, die verschiedene Themen auf Sie und Ihr Wohlbefinden haben. Wie fühlen Sie sich während des Fernsehens, Lesens oder Hörens der Nachrichten oder von Musik und wie geht es Ihnen danach? Bevor Sie den Fernseher anschalten, atmen Sie einmal tief durch und spüren Sie in sich hinein, ob Sie sich jetzt wirklich berieseln lassen möchten. Wenn ja, dann tun Sie es. Wenn nein, sollten Sie überlegen, was Sie stattdessen brauchen. Ist Ihr Medienkonsum für heute beendet, sollten Sie einmal langsam und tief durchatmen und in sich hineinfühlen. Fragen Sie sich, was all diese Informationen mit Ihnen gemacht haben. Auf diese Weise ist es Ihnen mit der Zeit möglich, Ihre Freizeit achtsamer zu gestalten und beim Medienkonsum genau auf dessen Wirkung auf sich zu achten. Insbesondere ein vermehrter Konsum von Medien kann die innere Gelassenheit erheblich stören, sodass es unverzichtbar ist, auf sich selbst, das eigene Gefühl und die eigenen Bedürfnisse zu achten.

#9 Der achtsame Tagesabschluss

Schneller als wir schauen können, sind die Tage meistens schon wieder vorbei. Wenn Sie jedoch in Zukunft einige Minuten Achtsamkeit am Tag praktizieren, wird es Ihnen schon nicht mehr so vorkommen, als wäre jeder Tag mit einem Fingerschnippen rum. Sie haben dann nämlich mehr von Ihrer Zeit, nehmen viel mehr wahr und unterstreichen diesen Effekt noch durch einen achtsamen Tagesabschluss.

Überlegen Sie für diese Übung einmal, wie Sie abends zu Bett gehen. Mit welcher inneren Haltung beenden Sie den Tag und welche Routinen haben sich eingeschlichen? Sehen Sie fern, bis Ihnen die Augen zufallen? Trinken Sie vielleicht gerne ein oder zwei Gläser Wein, um am Ende des Tages herunterzukommen und zu entspannen? Arbeiten Sie vielleicht so lange, bis Sie halbtot ins Bett fallen? Kommunizieren Sie jeden Abend bis zum Schluss mit Ihren Mitmenschen? Es gibt viele wichtige Fragen am Ende eines Tages, die beantwortet werden wollen.

Der Abend ist das Ende eines jeden Tages, der nie wieder zurückkommen wird. Was pathetisch klingt, wird uns meistens dann bewusst, wenn ein geliebter Mensch stirbt oder wir einen anderen schweren Schicksalsschlag erleben, der uns an unsere Sterblichkeit erinnert: Wir wissen nie, was morgen passieren wird. Kein Morgen ist uns versprochen, kein Plan ist gesichert, jeder Tag ist ein Geschenk und wir haben keinen Anspruch darauf, nächste Woche immer noch hier zu sein. Versuchen Sie also künftig, Ihre Tage achtsam abzuschließen und eine innere Dankbarkeit für alle Geschehnisse zu entwickeln, denn heute durften Sie bei allem dabei sein, was passiert ist.

Stehen Sie abends im Badezimmer, pflegen Sie Ihren Körper noch einmal ausgiebig, denn er ist es definitiv wert. Sie können sich abends in die Wanne legen, Yoga machen, sich gründlich die Haare bürsten, sich die Zähne putzen, Ihre Haut mit wohlriechendem Öl pflegen, Ihre Füße massieren oder andere Zuwendungen praktizieren, die eine angenehme Verbindung zu Ihrem Körper schaffen. Derartige Rituale fahren nebenbei Ihr ganzes System herunter und sorgen dafür, dass Sie gut einschlafen können und Ihr Atem einen langsamen Rhythmus annimmt. Sie stärken mit einem achtsamen Tagesabschluss die Beziehung zu sich selbst sowie dem Leben allgemein.

#10 Dankbarkeit am Abend

Ein wunderschönes Ritual für jeden Abend kann das Schreiben in ein kleines Büchlein sein, in das Sie all die Dinge notieren, für die Sie heute dankbar waren, und/oder in das Sie alle Situationen hineinschreiben, die Sie heute glücklich gemacht haben. Sie können ein Buch, einen

Zettel oder einfach einen Notizblock dafür verwenden, die Hauptsache ist, dass Sie alle Punkte festhalten, für die Sie dankbar sind. Es muss sich nicht unbedingt um 20 Punkte pro Tag handeln. Vielmehr ist hier entscheidend, dass Sie täglich dabeibleiben und es nicht versäumen, in Ihr Buch hineinzuschreiben. Für Anfänger bieten sich fünf Punkte täglich an, die Sie sich am Abend notieren. Es handelt sich dabei um einen achtsamen Tagesabschluss, der langfristig Ihre Gedanken regelrecht ins Positive umprogrammiert.

Schwerfallen wird Ihnen diese Übung nicht, da es eigentlich jeden Tag positive und schöne Dinge und Ereignisse gibt, die Sie nur bemerken müssen. Häufig ist es die Aufmerksamkeit, an der es scheitert, sodass wir gar nicht wahrnehmen, wofür wir dankbar sein können. Nehmen wir einmal an, die Sonne hat heute geschienen, Sie haben nach dem Weg mit dem Fahrrad (oder dem Auto, aber ohne Stau) einen entspannten Arbeitstag gehabt und in der Mittagspause mit netten Kollegen ein wirklich leckeres Mittagessen genossen. Dann hätten Sie hiermit bereits fünf Dinge, für die Sie absolut dankbar sein können. Dankbarkeit für gutes Wetter, ein leckeres Essen, entspannte Momente auf der Arbeit, nette Gespräche mit den Kollegen und einen ruhigen Arbeitsweg: Das sind viele Aspekte, für die Sie besonders dankbar sein können, da es nicht selbstverständlich ist, diese im Leben erfahren zu dürfen.

Sie können ebenso gut ein allgemeines Tagebuch führen, wenn Sie sich nicht allein auf das Dankbarsein beschränken wollen. Schreiben Sie in Ihr Tagebuch beispielsweise, was Sie glücklich gemacht hat, welche positiven Dinge geschehen sind oder welche Übungen Sie für mehr Achtsamkeit und Gelassenheit durchgeführt haben. Ein positiver Blick auf den vergangenen Tag sorgt mit der Zeit für eine ganz neue positive Ausrichtung Ihrer Gedanken und Gefühle.

#11 Achtsamer durch Atemübungen

Meditation geht oftmals mit Atemübungen oder zumindest mit einem gewissen Bewusstsein für das Atmen einher. Sie müssen aber nicht unbedingt meditieren, sondern können ebenfalls gezielte Atemübungen durchführen, durch die Sie ganz bewusst entspannen. Atemübungen lassen sich an einem ruhigen Ort jederzeit durchführen, sie müssen nicht lange dauern und sind dabei für die meisten Menschen sehr wirksam.

Die hier vorgestellte Atemübung ist vor allem bei Stress hilfreich und unterstützt Sie dabei, dass Sie wieder zur Ruhe kommen. Gehen Sie in folgenden Schritten vor:

- Atmen Sie zuerst langsam aus, bis die ganze Luft ausgeatmet wurde.
- Atmen Sie jetzt langsam für vier Sekunden ein. Es ist zu beachten, durch die Nase einzuatmen und nicht den Mund dafür zu verwenden.
- Halten Sie die Luft an und zählen Sie dabei gedanklich bis sieben.
- Jetzt atmen Sie die gesamte Luft langsam durch den Mund aus. Dabei sollten Sie lediglich durch einen schmalen Spalt ausatmen und nicht direkt den Mund ganz öffnen.
- Sobald Sie die gesamte Luft ausgeatmet haben, halten Sie für sieben Sekunden erneut die Luft an und beginnen wieder beim zweiten Schritt, also beim Einatmen für vier Sekunden.

Mit dieser Übung bemerken Sie schon nach 60 Sekunden, dass Sie ruhiger werden. Die Übung lässt sich täglich durchführen und Sie können natürlich mehrfach täglich darauf zurückgreifen, wenn Sie angespannt sind und den entsprechenden Bedarf haben.

Eine weitere, etwas aktivere Übung ist die folgende, bei der Sie zusätzlich Ihre Arme verwenden. Folgende Schritte können Sie etwa 20 Mal durchführen und werden spüren, wie Sie langsam entspannen:

- Atmen Sie langsam ein und heben Sie ebenso langsam Ihre Arme nach oben, bis Ihre Arme mit geöffneten Händen nach oben ausgestreckt sind.
- Halten Sie die Luft in dieser Position für fünf Sekunden an.
- Jetzt ballen Sie die Hände zu Fäusten, senken diese bis auf Schulterhöhe hinab und atmen während dieser Bewegung aus. Fangen Sie danach wieder mit dem ersten Schritt an und führen Sie diesen Ablauf gerne 20 Mal durch.

Sie sehen, es gibt verschiedenste Atemübungen, die Ihnen dabei helfen können, ruhiger und achtsamer zu werden. Atemübungen helfen sehr gut gegen Stress jeglicher Art und gehören im besten Fall in der Zukunft zu Ihrer täglichen Routine dazu, um bestmögliche Fortschritte zu erzielen.

#12 Tägliche Entspannung durch Yoga

Eine weitere, sehr gut in den Alltag integrierbare Übung ist Yoga. Mit Yoga können Sie täglich entspannen, Ihren Körper und Geist trainieren und zugleich beruhigen. Es ist daher wenig verwunderlich, dass Yoga für so viele Menschen mit zum Alltag dazugehört und die entsprechenden Übungen nicht nur zu Hause, sondern ebenso auf Reisen durchgeführt werden. Falls Sie noch keine Erfahrung mit Yoga haben, können Sie sich Videos für Anfänger anschauen, um mit den ersten Übungen zu beginnen. Leichter ist es, wenn Sie die Möglichkeit haben, im Rahmen eines Yoga-Kurses erste Erfahrungen zu sammeln. Auf diese Weise führen Sie alle Übungen korrekt durch, schützen sich vor Haltungsschäden und lernen, wie Sie mit der Zeit Yoga in Ihren Alltag integrieren können.

Ein kleiner Hinweis: Falls Ihnen Yoga nicht so sehr liegt, müssen Sie nicht auf diese Übung verzichten. Vielmehr haben Sie die Möglichkeit, andere Sportarten auszuprobieren und herauszufinden, wodurch Sie sich besonders ruhig, entspannt und glücklich fühlen. Hier gibt es die verschiedensten Optionen wie Schwimmen, Radfahren, Joggen, Pilates oder Qigong sowie viele weitere Sportarten, die Ihnen guttun und Sie erfüllen können.

#13 Achtsames Dehnen

Sie können diese Übung sowohl morgens als auch abends umsetzen. Dehnen Sie sich zwei oder drei Minuten lang und achten Sie dabei darauf, dass Sie insbesondere verspannte Körperpartien dehnen. Vor allem im Rahmen einer umfangreicheren Morgenroutine macht es Sinn, sich zu dehnen und für einen Moment die Anspannung aus den Muskeln zu bekommen. Dehnen Sie je nach Wunsch Ihre Arme und/oder Beine und führen Sie ruhig verschiedene Übungen durch. Noch leichter wird es, wenn Sie sich einfach ganz ausgiebig strecken und recken – dadurch vertreiben Sie das Gefühl von Spannung aus den Muskeln und richten Ihr Bewusstsein auf Ihren Körper.

Achten Sie dabei darauf, wie sich Ihr Körper anfühlt: Gibt es Stellen, die besonders schmerzen, wenn Sie die Muskeln dehnen? Fühlen Sie sich insgesamt gut oder sind Sie vielleicht müde? Gerade beim Treiben von Sport ist es ohnehin unerlässlich, sich zu dehnen, und diese Übung können Sie ebenfalls mit ein wenig Achtsamkeitstraining verbinden. Achten Sie auf Ihre Muskeln und das Gefühl beim Dehnen, Strecken und Recken. Es ist in jedem Fall gut, den Körper regelmäßig zu beobachten, ihn wertzuschätzen und den eigenen Blick ab und zu ganz ohne Ablenkung auf ihn zu richten. Es reicht völlig aus, wenn Sie sich täglich am Morgen oder am Abend für zwei oder drei Minuten dehnen oder wenn Sie das Dehnen nach dem Sport ein wenig achtsamer gestalten. Auf diese Weise erhalten Sie eine leicht umsetzbare und sehr alltagstaugliche Übung, die bezüglich Ihres (Körper-)Gefühls bereits vieles verändern kann und dazu führt, dass Sie achtsamer leben.

#14 Achtsame Tagesplanung

Das Praktizieren von Achtsamkeit kann Ihnen sehr schwerfallen, wenn Sie völlig gestresst und planlos durch den Tag gehen. Eine möglichst gute Organisation Ihres Tages inklusive Plänen oder To-do-Listen hilft Ihnen dabei, gelassener zu bleiben. Warum sollten Sie sich stressen, wenn Sie doch alles wunderbar schaffen und alle Punkte auf Ihrer To-do-Liste perfekt umsetzen? Das heißt, nicht nur Übungen an sich helfen Ihnen dabei, achtsamer und deutlich gelassener durch Ihren Tag zu gehen. Einen Plan bezüglich des Tagesablaufs zu haben, sich ein wenig mit Zeitmanagement zu befassen und dadurch produktiver zu sein, ist ebenfalls hilfreich. Wenn Sie sich dank mehr Achtsamkeit besser auf Ihre Arbeit konzentrieren und einen festen Plan für den Tag haben, fällt Ihnen das Vermeiden von Stress schon viel leichter. Sie fühlen sich außerdem gut, weil Sie alles schaffen, und bleiben gedanklich eher im Hier und Jetzt.

Um die achtsame Tagesplanung zu üben, können Sie sich für jeden Tag direkt am Morgen einen kurzen Plan erstellen. Halten Sie darin alles fest, was an diesem Tag ansteht und was besonders wichtig ist, und streichen Sie ruhig einige weniger dringende Punkte. Dadurch fühlen Sie sich sofort entspannter und starten anders in den Tag, als wenn vor Ihnen ein voller und unstrukturierter Tag liegt, der kaum zu bewältigen ist. Sie können übrigens genauso gut einmal wöchentlich einen solchen Plan erstellen, wenn Sie das täglich neue Planen unruhig macht oder wenn dies zu aufwendig ist. Machen Sie sich aber in jedem Fall bewusst, dass Sie es leichter haben, wenn Sie einen Plan verfolgen und nicht einfach nur irgendwie versuchen, alles irgendwie richtig zu machen.

Bezüglich des Zeitmanagements geht es letztendlich um das Gleiche: Gehen Sie strukturiert vor, konzentrieren Sie sich voll auf Ihre aktuelle Tätigkeit und machen Sie regelmäßig Pausen. Spätestens alle zwei Stunden sollten es schon einige Minuten Pause sein. Die Pomodoro-Technik sieht zum Beispiel eine Pause von 5 Minuten nach 25 Minuten Arbeit vor. Welche Vorgehensweise Ihnen hier am liebsten ist, stellt eine ganz individuelle Entscheidung dar. Versuchen Sie lediglich, in irgendeiner Form etwas Struktur und eine konkrete Planung in Ihren Alltag einzubringen. Es wird

Ihnen zweifellos guttun, darauf können Sie sich verlassen – selbst dann, wenn Ihnen solche Pläne und Listen sonst vielleicht nicht so sehr liegen.

#15 Abschied vom Perfektionismus

Sie haben zuvor bereits gelesen, dass Perfektionismus für viele Menschen einen großen Stressor darstellt. Denn Perfektionismus beeinflusst uns in den meisten Fällen negativ und hat zur Konsequenz, dass wir nie mit dem bereits Erreichten zufrieden sind und ständige Kritik vorherrscht. Allerdings weiß jeder Mensch mit perfektionistischer Neigung, wie schwierig es ist, diesen Perfektionismus zu verabschieden. Aus diesem Grund finden Sie nachfolgend zwei Techniken, um Ihren Perfektionismus nach und nach abzulegen. Sie werden feststellen, dass Sie deshalb nicht weniger geschätzt oder respektiert werden. Ihren Job verlieren Sie dadurch ebenso wenig und Sie werden keinesfalls zu einem schlechten Menschen, weil Sie weniger perfekt sind.

Eine beliebte und sehr gut funktionierende Methode ist die sogenannte 80/100-Regel. Dabei geht es darum, einzelne Dinge und Tätigkeiten in Ihren Augen unfertig, eben nicht „perfekt“ abzugeben beziehungsweise auszuführen. Ihre Ansprüche an sich selbst sind mit Sicherheit enorm hoch und kaum von anderen Menschen zu überbieten. Als Übung reduzieren Sie nun bewusst Ihren Perfektionismus, indem Sie versuchen, weniger zu machen als sonst: Nehmen wir einmal an, dass Sie vor der Abgabe einer Ausarbeitung für ein Projekt auf Ihrer Arbeit normalerweise alles noch drei Mal Korrekturlesen, obwohl Sie wissen, dass eine andere Person die Aufgabe hat, alles noch gründlich zu korrigieren. Ihre Aufgabe ist einzig die Ausarbeitung, die Verschriftlichung eines Projekts, nicht die extrem gründliche Arbeit des Korrekturlesens: Sie machen der anderen Person die Arbeit leichter, was natürlich ebenfalls schön, jedoch unnötig ist. Jetzt sollten Sie sich vornehmen, Ihre Arbeit in Zukunft nur noch zwei Mal durchzulesen – mit dem Ziel, sie irgendwann nur noch ein einziges Mal durchzugehen.

Versuchen Sie, durchzuatmen und sich von dem Druck und dem eigenen Kontrollzwang zu befreien, und lassen Sie nach dem ersten oder zweiten Korrekturlesen bewusst los. Damit haben Sie 80 von 100 Prozent gegeben und vermutlich so viel wie jeder Mensch, der nichts mit Perfektionismus am Hut hat. Machen Sie sich ruhig bewusst, dass Ihre jetzt 80 Prozent den 100 Prozent der meisten anderen Menschen entsprechen. Und das reicht vollkommen aus. Dieses Beispiel lässt sich beliebig auf andere Themen übertragen, Sie müssen lediglich dazu bereit sein, weniger perfektionistisch durch Ihr Leben zu gehen. Damit ersparen Sie sich in Zukunft sehr viel Stress, Frust und Ärger!

Dann gibt es noch eine andere empfehlenswerte Strategie, um Perfektionismus abzulegen: das bewusste Praktizieren von Akzeptanz und das Verständnis, dass nicht alles kontrollierbar ist. Zuvor haben Sie im Rahmen der Säulen der Resilienz gelesen, dass Sie sich nicht in die Opferrolle begeben, sondern Ihr Leben selbst kontrollieren und steuern sollten. Dennoch sollten Sie akzeptieren, dass es Dinge gibt, die Sie einfach nicht ändern können. Sie können nicht alles kontrollieren und es gibt keine Perfektion in dieser Welt. Einige Dinge müssen Sie einfach so hinnehmen. Bleiben wir beim vorherigen Beispiel, in dem Sie für ein Projekt einen Text schreiben und danach Korrektur lesen: Wenn Sie die Kontrolle nicht abgeben und akzeptieren können, dass es hierbei keine Perfektion gibt, werden Sie vermutlich nie mit Ihrem Text zufrieden sein. Es wird immer Punkte geben, die Ihnen nicht gefallen, und Sie verlieren nur sehr viel Zeit durch Ihren Perfektionismus. Machen Sie sich bewusst, dass vor allem Sie selbst verlieren, wenn Sie versuchen, alles so perfekt wie möglich zu machen.

Mit der Zeit und mit viel Übung kann es Ihnen tatsächlich gelingen, Ihren Perfektionismus nach und nach abzulegen, um etwas entspannter zu sein. Sie werden merken, wie gut es Ihnen im Alltag, auf der Arbeit und im Privatleben tut, wenn Sie mit weniger Druck an alles herangehen. Allerdings wird es im Normalfall nicht innerhalb einiger weniger Tage möglich sein, sich völlig vom Perfektionismus zu verabschieden. Daher ist es so bedeutsam, mit etwas Zeit und Geduld an diesen Prozess heranzugehen. Doch mit weniger Perfektionismus leben Sie viel entspannter und ruhiger und es gelingt Ihnen zudem, deutlich achtsamer zu leben.

#16 Ängste achtsam konfrontieren

Ein weiterer erheblicher Stressor sind Ängste, die uns das Leben schwermachen können. Alles Training in Sachen Achtsamkeit bringt uns aber recht wenig, wenn es uns nicht gelingt, angstfrei zu leben und unsere Ängste zu konfrontieren. Machen Sie sich bewusst, wie blockierend solche Ängste sind und wie entscheidend es ist, dass Sie einen anderen Umgang mit diesen erlernen. Nicht nur der unzureichende Umgang mit Stress oder Perfektionismus kann dazu führen, dass Sie ständig unruhig sind und es

Ihnen nicht gelingt, innerlich gelassen zu bleiben: Das Gleiche gilt für Ängste. Deshalb sollten Sie lernen, mit diesen umzugehen, damit Sie ohne die ständige Angst leben können. An dieser Stelle finden Sie eine Übung, die ideal für den Alltag geeignet ist und dazu führt, dass Sie mit der Zeit immer besser mit Ihren eigenen Ängsten umzugehen lernen.

Einmal vorweg: Es hilft nichts, Situationen auszuweichen, die Ihre Ängste auslösen, und sich völlig abzuschotten. Ganz im Gegenteil! Deshalb ist die beste Übung für den Umgang mit Ihrer Angst die Konfrontation mit dieser. Erkennen Sie zuerst Ihre Angst, stellen Sie sich diesem Gefühl und nehmen Sie es an. Sie haben Angst und das ist erst einmal nichts Schlimmes, Sie sollten sich nur für einen Moment auf das Gefühl einlassen und es als Teil von sich ansehen. Begeben Sie sich im nächsten Schritt in die Situationen, in denen Sie Angst haben, und lassen Sie sich darauf ein. Versuchen Sie anschließend, Schritt für Schritt durch positive Erfahrungen die eigene Angst abzubauen.

Mit Hilfe eines Beispiels wird Ihnen das beschriebene Vorgehen noch klarer: Nehmen wir einmal an, Sie haben Höhenangst. In der Höhe wird Ihnen zum Beispiel schwindelig, Sie bekommen Panik und erstarren regelrecht. Zunächst nehmen Sie also dieses Gefühl an, akzeptieren die Angst und versuchen, schrittweise diesem Gefühl zu begegnen, um hier eine Verbesserung zu erzielen. Das geht so: Wagen Sie es beispielsweise, sich auf einen hohen Balkon oder einen Aussichtspunkt zu stellen. Tasten Sie sich allerdings langsam vor, ohne es zu übertreiben. Das fällt Ihnen anfangs sicherlich schwer, doch Sie werden schon bald merken, wie groß die Veränderung in Ihnen ist. Auf diese

Weise können Sie selbstbewusster werden und trauen sich immer mehr zu. Denn wenn Sie nicht versuchen, Ihre Ängste zu konfrontieren, und nie lernen, mit diesen umzugehen, dann wird es für Sie stets schwierig bleiben. Die Angst wird dann immer größer und fast schon allgegenwärtig. Daher ist es unerlässlich, sich zu überwinden und auf diese Weise mit der Zeit eine Verbesserung zu erzielen.

Neben dieser Übung zum Überwinden von Ängsten helfen Ihnen ebenso nachweislich die Meditation, das Achtsamkeits- und Atemtraining sowie die Identifikation von Stressoren im Alltag dabei, wenn es darum geht, mit Ängsten umzugehen. Fest steht, dass es kaum möglich ist, mit starken Ängsten im Alltag achtsam zu leben oder gar mehr innere Gelassenheit aufzubauen. Daher sollten Sie Ihre Ängste Schritt für Schritt in den Griff zu bekommen versuchen.

#17 Mehr Achtsamkeit durch Affirmationen

Eine sehr praktische Übung für mehr Achtsamkeit und mehr Wohlbefinden im Allgemeinen ist das Nutzen von Affirmationen. Bei Affirmationen handelt es sich um Sätze, die Sie bestärken und bestätigen. Sie sprechen sich quasi selbst Mut zu und stärken dadurch Ihr Selbstvertrauen. Das Schöne am Aufsagen von Affirmationen ist, dass Sie dies leicht in den Alltag einbauen können und mit nur wenigen Minuten täglich bereits positive Ergebnisse erzielen.

Affirmationen sollten Sie stets positiv formulieren und dabei negierende Wörter wie „nicht" oder „kein" vermeiden, da diese Wörter von unserem Gehirn nicht richtig verstanden werden. Der Satz „Ich möchte nicht dick sein" wird dann entsprechend falsch von unserem Gehirn verstanden. Außerdem ist es von großer Bedeutung, Affirmationen regelmäßig, im besten Fall mindestens einmal oder mehrmals am Tag, und laut auszusprechen. Sehr wirksam ist es beispielsweise, wenn Sie Ihre Affirmationen aufschreiben und den Zettel dann neben oder an den Badezimmerspiegel hängen, um diesen wenigstens morgens und abends vor Augen zu haben. Affirmationen beziehen sich am besten auf die Bereiche, die für Sie besonders wichtig sind und an denen Sie arbeiten möchten. Häufig ist eine solche Bestärkung in bestimmten Bereichen hilfreich, um sich selbstbewusster und positiver gestimmt zu fühlen.

Folgende Affirmationen könnten Sie verwenden (es ist empfehlenswert, sich zusätzlich eigene Sätze nach Bedarf aufzuschreiben):

- Ich bin allen Herausforderungen gewachsen.
- Ich bin stark.
- Ich bin mutig.
- Ich bin da, wo ich sein sollte.
- Ich bin mit Liebe erfüllt und strahle Liebe aus.
- Ich bin gut genug.
- Ich liebe und achte mich und lebe gesund.
- Ich übernehme die Verantwortung für mein Leben.
- Jeden Tag komme ich meinen Zielen näher.

Sagen Sie Ihre persönlichen bestärkenden Sätze ab jetzt mindestens einmal am Tag laut auf, schauen Sie dabei gerne in den Spiegel und versuchen Sie, die positive Energie beim Aussprechen dieser Sätze zu spüren. Machen Sie sich bewusst, dass Sie mit diesen Sätzen versuchen, Ihr Unterbewusstsein aktiv umzuprogrammieren. Negative Gedanken und Glaubenssätze, die Sie mit der Zeit aufgebaut haben, können so langsam verdrängt und ausgelöscht werden. Sie brauchen daher Affirmationen, die sich für Sie gut und wahr anfühlen. Sätze, die starke Zweifel und Unglauben in Ihnen erzeugen, werden nicht funktionieren und sind daher besser zu vermeiden. Das führt dazu, dass eventuell ein wenig Ausprobieren erforderlich ist, um die für Sie besten Affirmationen zu finden. Einmal herausgearbeitet lohnt es sich aber in jedem Fall, diese Sätze so lange zu wiederholen, bis Sie eine Veränderung in sich und Ihren Gedanken und Gefühlen spüren.

Für eine unkomplizierte Umsetzung dieser Übungen in Ihrem Alltag hilft Ihnen der 28-Tage-Plan auf den nachfolgenden Seiten, der alle Übungen in eine besonders alltagstaugliche und sinnvolle Reihenfolge für Sie bringt. Schließlich kann es bei diesen zahlreichen Übungen für mehr Achtsamkeit und Gelassenheit teilweise recht schwierig sein, die beste persönliche Reihenfolge zu finden und achtsam durch den Tag zu kommen.

Entspannt mit Hilfe des 28-Tage-Plans – die Ruhe in Person werden

Möchten Sie eine echte Veränderung erzielen, also innerhalb eines Monats deutlich entspannter und gelassener werden? Wenn Sie ein achtsames Leben voller innerer Ruhe anstreben, wird Ihnen dieser 28-Tage-Plan dabei helfen, die Übungen so umzusetzen, dass Sie sogar mit einem anstrengenden Berufsalltag dabeibleiben können. Möchten Sie in stressigen Situationen ruhig bleiben, sich entspannen können und in der Lage sein, tief durchzuatmen? Dann hilft Ihnen der folgende Plan beim Erreichen dieses Ziels und sorgt für mehr Entspannung in Ihrem Alltag:

Tag	Übung am Morgen	Übung am Mittag	Übung am Abend
1	Meditation (5 bis 10 Minuten)	Atemmeditation	Dankbarkeit am Abend
2	Atemmeditation	Achtsamkeit beim Essen	Achtsamkeit beim Essen
3	Affirmationen formulieren und laut aussprechen	Atemmeditation	Sport (Yoga oder anderer Sport)

4	Dehnübungen oder einige Yoga-Übungen	Achtsamkeit beim Essen	Dankbarkeit am Abend
5	Meditation (5 bis 10 Minuten)	Achtsames Arbeiten einbauen	Der achtsame Tagesabschluss
6	Ziele formulieren: Was wollen Sie erreichen?	Zeitplan erstellen: Dank Prioritäten stressfrei durch den Alltag	Selbstfürsorge: Tun Sie, was Ihnen guttut
7	Positiv auf den Tag blicken: Welche schönen Dinge hält der kommende Tag bereit?	Atemmeditation	Affirmationen
8	Die achtsame Morgenroutine	Zeitplan erstellen: Dank Prioritäten stressfrei durch den Alltag	Sport (Yoga oder anderer Sport)
9	Meditation (5 bis 10 Minuten)	Achtsames Arbeiten einbauen	Tagebuch schreiben: Erfolge und positive Momente aufschreiben
10	Ziele formulieren: Was wollen Sie erreichen?	Zeitplan erstellen: Dank Prioritäten stressfrei durch den Alltag	Dankbarkeit am Abend
11	Die achtsame Morgenroutine	Achtsamkeit beim Essen	Affirmationen

12	Atemmeditation	5 Minuten Auszeit: Nehmen Sie sich einen Moment für sich	Minimalismus anwenden: Misten Sie etwas aus
13	Positiv auf den Tag blicken: Welche schönen Dinge hält der kommende Tag bereit?	Stressoren erkennen: Nennen Sie drei Dinge, die Sie stressen, und wenden Sie sich von Ihnen ab	Selbstfürsorge: Tun Sie, was Ihnen guttut
14	Atemmeditation	5 Minuten Auszeit: Nehmen Sie sich einen Moment für sich	Sport (Yoga oder anderer Sport)
15	Positiv auf den Tag blicken: Welche schönen Dinge hält der kommende Tag bereit?	Meditation (5 bis 10 Minuten)	Loslassen: Verabschieden Sie sich von etwas, was Sie belastet
16	Die achtsame Morgenroutine	Achtsames Arbeiten einbauen	Affirmationen
17	Frühsport: Dehnen Sie sich oder machen Sie etwas Yoga	Affirmationen	Selbstfürsorge: Tun Sie, was Ihnen guttut
18	Atemmeditation	Achtsames Arbeiten einbauen	Dankbarkeit am Abend
19	Die achtsame Morgenroutine	Achtsames Einkaufen	Minimalismus anwenden: Misten Sie etwas aus

20	Positiv auf den Tag blicken: Welche schönen Dinge hält der kommende Tag bereit?	Affirmationen	Loslassen: Verabschieden Sie sich von etwas, was Sie belastet
21	Atemmeditation	Achtsames Arbeiten einbauen	Selbstfürsorge: Tun Sie, was Ihnen guttut
22	Positiv auf den Tag blicken: Welche schönen Dinge hält der kommende Tag bereit?	Achtsames Einkaufen	Sport (Yoga oder anderer Sport)
23	Die achtsame Morgenroutine	Atemmeditation	Affirmationen
24	Positiv auf den Tag blicken: Welche schönen Dinge hält der kommende Tag bereit?	Meditation (5 bis 10 Minuten)	Minimalismus anwenden: Misten Sie etwas aus
25	Atemmeditation	Achtsames Einkaufen	Dankbarkeit am Abend
26	Die achtsame Morgenroutine	Achtsames Arbeiten einbauen	Minimalismus anwenden: Misten Sie etwas aus
27	Positiv auf den Tag blicken: Welche schönen Dinge hält der kommende Tag bereit?	Atemmeditation	Selbstfürsorge: Tun Sie, was Ihnen guttut

28	Die achtsame Morgenroutine	Achtsames Arbeiten einbauen	Affirmationen

Diese Übungen helfen Ihnen ohne Zweifel dabei, Tag für Tag ruhiger und entspannter zu werden. Absichtlich sind alle Übungen recht kurz gehalten und mehrfach über den gesamten Zeitraum verteilt worden, damit Sie sogar an einem vollen Tag noch immer die Möglichkeit haben, die Übungen durchzuführen. So bleiben die Übungen außerdem besser in Ihrem Gedächtnis und Sie gewinnen eine gewisse Routine. Nach 28 Tagen haben sich diese neuen Routinen gefestigt und Sie spüren, wie Sie immer gelassener durch den Alltag gehen. Ein neues Lebensgefühl wartet nun auf Sie! Für einen noch größeren Effekt finden Sie an dieser Stelle noch einige Feedbackfragen, die Sie sich am Ende jedes Tages stellen können. Überprüfen Sie mit ihnen, welche Übungen Sie im Laufe des Tages ausführen konnten, wie Sie sich dabei gefühlt haben und wie Sie Ihren Stresspegel aktuell bewerten würden. Auf diese Weise wissen Sie, welche Übungen bei Ihnen besonders gut funktionieren, und haben einen Anhaltspunkt, wie Sie in Zukunft weitermachen können.

Beantworten Sie sich am Ende jedes Tages (über den Zeitraum der 28 Tage hinweg) die folgenden Fragen und versuchen Sie, dabei möglichst ehrlich und spontan zu antworten, um die für Sie besten Übungen zeitnah herauszufiltern:

1. Welche Übungen haben Sie heute ausgeführt und konnten Sie alle Übungen in Ihren Tagesablauf integrieren?

2. Wie haben Sie sich bei den einzelnen Übungen gefühlt?
3. Wie war Ihre Reaktion in einzelnen Stresssituationen und wie haben Sie sich insgesamt gefühlt, wenn anstrengende Situationen auf Sie zukamen?
4. Bewerten Sie auf einer Skala von 1 bis 10 Ihren Stresspegel am Abend des Tages (1 steht für einen sehr niedrigen Stresspegel, 10 für einen sehr hohen Stresspegel).
5. Haben Sie sich bei einer bestimmten Übung im Anschluss deutlich entspannter gefühlt?

Versuchen Sie, im Anschluss an alle Übungen kurz zu reflektieren, wie Sie sich fühlen, wie die Übung auf Sie gewirkt hat und wie es um Ihren allgemeinen Stresspegel steht. Spätestens nach 28 Tagen fühlen Sie sich, wenn Sie den Plan umsetzen konnten, entspannter und innerlich gelassener. Arbeiten Sie in jedem Fall nicht allein mit den genannten Übungen, sondern bemühen Sie sich ebenfalls darum, mit Ihren Ängsten umzugehen und im Idealfall Ihre Stressoren zu identifizieren und, so weit es geht, auszumerzen. Ergänzend bietet sich ein Training aus dem Bereich der Resilienz an, um eine noch größere innere Widerstandskraft zu entwickeln. Das aktive Stärken des Selbstbewusstseins und der Selbstliebe sind ebenfalls äußerst empfehlenswert, Gleiches gilt für das gezielte Training des Erschaffens positiver Gedanken. Das sind allerdings ergänzende Möglichkeiten, falls Sie Bedarf haben, denn bereits mit den hier beschriebenen Übungen erzielen Sie deutlich mehr Gelassenheit und einen besseren Umgang mit Stress.

Fazit

Fest steht, dass Gelassenheit heutzutage und in unserer Gesellschaft nicht unbedingt leicht zu erreichen ist. Die innere Ruhe, die man sich mühsam aneignet, wird durch viele Stressoren erschüttert, die scheinbar in allen möglichen Situationen auf uns warten. Da dauerhafte Anspannung und viel alltäglicher Stress uns krank und unglücklich machen, ist es umso notwendiger, entsprechende Gegenmaßnahmen zu ergreifen. Denn Gelassenheit lässt sich trainieren und innere Ruhe können Sie sich aneignen, wenn Sie nur wissen, wie Sie dafür vorgehen sollten. Sie brauchen Geduld, die richtigen Übungen und den Willen, etwas zu verändern, damit Sie sich schon bald auf den Weg hin zu mehr Gelassenheit begeben können.

Machen Sie also Ihre Stressoren aus und erkennen Sie, wann Sie Ihre innere Ruhe verlieren und was Sie unternehmen können, um mehr Gelassenheit im Alltag zu genießen. Heutzutage ist es leider so normal geworden, sich nicht mehr um die eigenen Bedürfnisse zu kümmern und keinen Blick mehr für Harmonie im Alltag zu haben, dass dauerhafter Stress die unmittelbare Folge ist. Die Abwesenheit von Gelassenheit und innerer Ruhe sowie von Achtsamkeit ist kein Wunder, wenn Sie sich die aktuellen Lebensumstände der meisten Menschen in unserer Gesellschaft genauer ansehen: Viel Druck und Anspannung von allen Seiten und die ständige Erwartung, dass Sie noch mehr leisten müssen, tragen zusätzlich zur inneren Unruhe bei. Viele Menschen merken gar nicht, wie gestresst und getrieben sie sind, bis sie irgendwann krank werden. Daher ging es in diesem Buch nicht allein um hilfreiche Übungen und Strategien, um wieder achtsamer und gelassener zu leben. Vielmehr war es mir wichtig, dass Sie zuerst einmal die Ursachen für Ihren aktuellen Zustand erschließen konnten. Schließlich sind es diese Ursachen, die dazu geführt haben, dass Sie innere Ruhe überhaupt verloren haben.

Weniger Stress und mehr Gelassenheit erhöhen Ihre Zufriedenheit enorm! Außerdem nehmen Sie dann eher Herausforderungen an, entwickeln sich dadurch weiter und lassen sich insgesamt nicht mehr so schnell aus der Ruhe bringen, wie es vor Ihrem Training der Fall war. Fest steht, dass es im Leben eines jeden Einzelnen eine Vielzahl möglicher Stressoren und Ängste gibt, die wir erst einmal bewältigen und identifizieren müssen. Dabei hilft Ihnen das Leben im Hier und Jetzt genau wie mehr Gelassenheit in schwierigen Situationen. In unserer heutigen stressigen und von vielen Ablenkungen bestimmten Zeit hilft es unserer mentalen Gesundheit und dem eigenen Wohlbefinden ohne Frage, wenn wir mehr in uns und im aktuellen Moment ruhen.

Schon jetzt wünsche ich Ihnen viel Erfolg bei der Umsetzung der in diesem Buch vorgestellten Übungen sowie mehr Ruhe, Entspannung und Gelassenheit in Ihrem Leben.

Impressum

Deutschsprachige Erstausgabe Oktober 2021

Stefanie Endres
Pfarrstraße 12b
76189 Karlsruhe

Covergestaltung & Buchsatz
Danileoart | www.danileoart.de

Printed in Germany
by Amazon Distribution
GmbH, Leipzig

30666932R00070